Power-Sprachtraining
KOREANISCH

Wortschatz, Grammatik und Kommunikation gezielt trainieren

von
Hye-Sook Park

PONS
Power-Sprachtraining

KOREANISCH

von
Hye-Sook Park

Dieses Werk ist inhaltlich identisch mit ISBN 978-3-12-560794-1.

Der digitale Zugang zu den online angebotenen Zusatzmaterialien ist für mindestens zwei Jahre nach Erscheinen der aktuellen Auflage gewährleistet.

2. Auflage 2026

Redaktion: Tilmann Eberhardt / Korrekturen: Moon-Ey Song
Logoentwurf: Erwin Poell, Heidelberg
Logoüberarbeitung: Sabine Redlin, Ludwigsburg
Titelfotos: Frauenportrait: Getty Images / Luis Alvarez; Hintergrund: Getty Images / Kinsei-TGS
Aufnahme, Tonregie und Mastering: Ton in Ton Medienhaus, Stuttgart
Sprecher: Bong Suk Choi, Hye Jin Ryu
Satz: Satzkasten, Stuttgart
Druck und Bindung: Multiprint Ltd., Kostinbrod

ISBN: 978-3-12-566070-0

Willkommen!

Sie lernen gerade Koreanisch und wollen Ihre Grundkenntnisse zusätzlich verbessern, indem Sie einzelne Lernthemen gezielt nachschlagen und üben. Dann sind Sie beim PONS Power-Sprachtraining Koreanisch genau richtig.

Aufbau des Buchs

Die **Einführung in die Sprache** ab Seite 6 gibt Ihnen interessante Hintergrundinformationen zum Koreanischen und Tipps, wie Sie diese Sprache einfacher lernen können.

Der Bereich **Alphabet und Aussprache (A)** ab Seite 12 macht Sie mit der Schrift und dem Lautsystem vertraut.

Der Bereich **Wortschatz (W)** ab Seite 22 vermittelt Ihnen thematisch gegliedert das grundlegende Vokabular der Sprache.

Der Bereich **Grammatik (G)** ab Seite 50 behandelt die für Anfänger/-innen und Wiedereinsteiger/-innen wichtigen Aspekte der Grammatik.

Im Bereich **Kommunikation (K)** ab Seite 100 können Sie in Teilen das Vokabular aus dem Wortschatz wiederholen und lernen praktische Redebausteine für die Verständigung im Alltag.

Die Bereiche A bis K sind nach dem **Doppelseitenprinzip** aufgebaut: Auf der linken Seite wird ein Thema oder ein grammatikalisches Phänomen eingängig erklärt und kann auf der rechten Seite sofort in verschiedenen Übungen trainiert werden. Ihre Lösungen können Sie anhand des **Lösungsschlüssels** ab Seite 140 kontrollieren.

In den **Tabellen** ab Seite 130 können Sie die wichtigsten Verben und Satzverknüpfungen nachschlagen.
In der **Wortliste Koreanisch – Deutsch** ab Seite 149 finden Sie den wichtigsten Wortschatz des Buchs.
Ihr Lernprozess wird in den Bereichen Alphabet und Aussprache und im Bereich Kommunikation durch **Tonaufnahmen** unterstützt, auf die Sie über die **Scan2Learn-App** schnell zugreifen können. Wie Sie zu der App gelangen und wie Sie sie nutzen können, wird Ihnen auf der vorderen inneren Umschlagseite erklärt. Alternativ können Sie sämtliches Hörmaterial auch online herunterladen. Gehen Sie auf die Seite **www.pons.de/power-sprachtraining** und wählen Sie dort Ihr Buch aus. Dann gelangen Sie zum Hörmaterial.

Symbole

7 Zu dieser Erklärung oder Übung gehört eine Tonaufnahme, auf die Sie über die Scan2Learn-App schnell zugreifen können. Die Zahl unter dem Kopfhörer-Symbol gibt die Tracknummer an.

W3 – W6, G8 Verweise wie dieser zum Wortschatz (W), Kapitel 3 bis 6, und zur Grammatik (G), Kapitel 8, helfen Ihnen, im Buch schnell zu einem verwandten Thema zu gelangen.

Im Koreanischen … In den Infoboxen finden Sie Zusatzinformationen wie z.B. Ausnahmen, aber auch Lerntipps oder Landeskundliches.

Viel Spaß und Erfolg beim Lernen und Üben!

Inhalt

Einführung in die Sprache

Die koreanische Sprache

Koreanisch wird von mehr als 70 Millionen Menschen gesprochen und steht somit in der Rangfolge der meistverbreiteten Sprachen an 13. Stelle. Die koreanische Schrift 한글 Hangeul gilt als eine der wissenschaftlichsten und systematischsten Schriften der Welt. Von der UNESCO wurde sie zum Weltkulturerbe ernannt. In Südkorea feiert man sie jedes Jahr am 9. Oktober mit dem Gedenktag Hangeul Nal.

Die Entstehung des koreanischen Alphabets

Im 15. Jh. n. Chr. entlehnte die koreanische Sprache noch eine große Zahl von Wörtern und Lauten der chinesischen Sprache. König Sejong (1397 – 1450), der Korea von 1418 bis 1450 regierte, erkannte, dass eine einheitliche koreanische Schrift notwendig war, die auch das Volk erlernen konnte, um sich sprachlich und schriftlich ausdrücken zu können. Die meisten Koreanerinnen und Koreaner konnten zur damaligen Zeit weder schreiben noch lesen.

So hat er im Jahr 1443 gemeinsam mit einigen Beamten eine einfach anwendbare Schrift für die koreanischen Konsonanten und Vokale, das 한글 Hangeul, entwickelt. Drei Jahre später wurde Hangeul im Buch 훈민정음 *Hunminjeongeum* (sinngemäß „Die richtigen Laute zum Lehren des Volks") offiziell verkündet. Hangeul ist so aufgebaut, dass sich damit alle möglichen koreanischen Lautmalereien und Klänge wiedergeben und aufzeichnen lassen.

Durch die Alphabetisierung seines Volkes gelang es König Sejong im nächsten Schritt, seine Reformpläne in den Bereichen Landwirtschaft und Ackerbau dem Volk nahezubringen und diese sowie weitere politische Maßnahmen umzusetzen.

Ursprung der Schrift

Ursprünglich wurden 17 Konsonanten und 11 Vokale geschaffen, von denen heute 14 Konsonanten und 10 Vokale verwendet werden. Die Form der Grundkonsonanten beruht auf der Formung des Mundes, des Rachens und der Zunge bei der Artikulation. Aus den Grundkonsonanten wurden durch Hinzufügen eines waagerechten oder senkrechten Strichs weitere Konsonanten gebildet.

Die 5 Basiskonsonanten: ㄱ, ㄴ, ㅅ, ㅁ, ㅇ wurden mit einem oder mehreren waagerechten bzw. senkrechten Strichen erweitert, und so wurden 14 Grundkonsonanten gebildet:

ㄱ – ㅋ, ㄴ – ㄷ – ㄹ – ㅌ, ㅅ – ㅈ – ㅊ, ㅁ – ㅂ – ㅍ, ㅇ – ㅎ

Aus den Grundkonsonanten lassen sich Doppelkonsonanten oder zusammengesetzte Konsonanten bilden.

Die 5 Doppelkonsonanten sind: ㄲ, ㄸ, ㅃ, ㅆ, ㅉ

Die 11 zusammengesetzten Konsonanten sind:

ㄱㅅ, ㄴㅈ ,ㄴㅎ, ㄹㄱ, ㄹㅁ, ㄹㅂ, ㄹㅅ, ㄹㅌ, ㄹㅍ, ㄹㅎ, ㅂㅅ

Die Grundvokale wurden nach der Philosophie des „Himmels •, der Erde — und des Menschen ㅣ" geschaffen. Unter den 3 Grundvokalen ist der Vokal „ • " im Laufe der Zeit verloren gegangen und nicht mehr im Gebrauch.

Auf den Grundvokalen aufbauend wurden durch Hinzufügen eines waagerechten oder senkrechten Strichs weitere Grundvokale gebildet.

Die 10 Grundvokale sind: ㅏ, ㅑ, ㅓ, ㅕ, ㅗ, ㅛ, ㅜ, ㅠ, ㅡ, ㅣ

Aus den Grundvokalen können zusammengesetzte Vokale gebildet werden:
Die 11 zusammengesetzten Vokale sind: ㅐ, ㅒ, ㅔ, ㅖ, ㅘ, ㅙ, ㅚ, ㅝ, ㅞ, ㅟ, ㅢ

Prinzipien des Silbenbaus

Eine koreanische Silbe kombiniert mindestens einen Konsonanten (K) mit einem Vokal (V). Die Silben werden in gleich große imaginäre Quadrate geschrieben. Man schreibt von links nach rechts und von oben nach unten.

Eine Silbe wird wie folgt gebildet:

1. **V** 아, 야, 어, 여, 오, 요, 우, 유, 으, 이 …

   Mit einem Vokal allein kann man keine Silbe bauen. Statt eines Konsonanten wird ein „ㅇ", das nicht gesprochen wird, als Platzhalter verwendet.
   Bei einem vertikalen Vokalstrich (ㅏ, ㅑ, ㅓ, ㅕ, ㅣ) steht „ㅇ" bzw. ein anderer Konsonant links vom Vokal und bei einem horizontalen Vokalstrich (ㅗ, ㅛ, ㅜ, ㅠ, ㅡ) steht „ㅇ" bzw. ein anderer Konsonant über dem Vokal.

2. **KV** 가, 냐, 더, 려 … **/K**
   V 모, 뵤, 수, 쥬, 크 …

   Mit einem Konsonanten allein kann man keine Silbe bilden. Man braucht unbedingt einen Vokal.

3. **KV** 간, 넉, 남, 잘, 한 … **/K**
   V
   K 몽, 불, 틈, 춤, 골

   In diesem Fall nennt man den letzten Konsonanten Auslautkonsonant 받침 *Batchim.*

Eine einzige Silbe kann aus bis zu 5 verschiedenen Buchstaben dargestellt werden.
Hier sind die 5 Kombinationsmöglichkeiten.

아, 어, 우, 으, 이 …	ㅇ Platzhalter V	/ ㅇ Platzhalter V
구, 다, 스, 츄, 흐 …	KV	K V
강, 남, 롱, 툴, 한 …	KV K	K V K
꿀, 떡, 뿔, 썸, 짱 …	(Doppelkonsonanten oben)	
굶, 덟, 많, 앉, 짧 …	(zusammengesetzte Konsonanten unten)	

Satzbau und Eigenschaften des Koreanischen

Die koreanische Sprache gehört zu den ural-altaischen Sprachen und ist eine agglutinierende Sprache, d.h. grammatikalische Funktionen, z.B. Zeit und Kasus, werden durch Affixe an den Wortstamm angehängt.

Besondere Eigenschaften des Koreanischen sind:

1. Die **Satzfolge** im Koreanischen ist „Subjekt – Objekt – Verb"
   - Sowohl Subjekt als auch Objekt können am Satzanfang stehen, das Verb muss jedoch am Satzende stehen.
   - Die Satzstellung des Fragesatzes entspricht der des Aussagesatzes, d.h. das Verb steht am Satzende.
   - Durch Anfügen selbständiger Affixe (Suffix und Infix) an das Verb und das Nomen (Postpositionen) werden die jeweiligen Formen (z.B. Kasus, Tempus usw.) gebildet.
   - Adjektive und modifizierende Verben (Partizip Präsens, Partizip Futur, Partizip Perfekt) stehen vor dem näher bestimmten Nomen.

2. Das **Honorativsystem** des Koreanischen, das heißt die Abstufungen des Höflichkeitsgrades in Anrede und Sprache, ist sehr systematisch und komplex.
   Man unterscheidet vier verschiedene Höflichkeitsformen: zwei formelle Höflichkeitsformen, bei denen an
   G7 den Verbstamm -십니다 bzw. -습니다 angehängt wird, und zwei informelle Höflichkeitsformen, die
   G11 auf -세요 bzw. -요 enden. Die verschiedenen Höflichkeitsstufen orientieren sich am Alter, der beruflichen
   G13 Position und der Art der Beziehung. So verwenden z.B. Bekannte untereinander eine niedrigere Sprechstufe als Kollegen und Kolleginnen. Um zu wissen, in welcher Form jemand angesprochen werden muss, möchte man in Korea dessen Alter, Titel und gesellschaftliche Stellung wissen. Eine der beiden formellen Höflichkeitsformen, (diejenige die auf -십니다 endet), wird selten benutzt. Deshalb wird sie in diesem Buch nicht näher vorgestellt.

3. Im Koreanischen kann das **Subjekt** manchmal **wegfallen**, wenn aus dem Kontext erkennbar wird, um wen es sich handelt.
   z.B. 선생님은 어디에 가세요? Wohin gehen Sie, Herr Lehrer?
   (wörtl.: Der Lehrer wohin gehen?)
   = 어디에 가세요? Wohin gehen Sie?
   (wörtl.: Wohin gehen?)

4. Das Verb ist das wichtigste Element im Koreanischen. Es gibt **zwei verschiedene Verbarten**:
   - Vorgangsverben = Verben, die Tätigkeiten oder einen Vorgang beschreiben, z.B.:
     가다 gehen, 보다 sehen, 먹다 essen …
   - und Eigenschaftsverben, die einen Zustand oder eine Qualität beschreiben, z.B.:
     싸다 billig sein, 예쁘다 hübsch sein, 춥다 kalt sein …

5. Im Koreanischen gibt es **keinen Genus, keine Artikel und keine Relativsätze**.

Romanisierung / Transkription

Heute werden verschiedene Romanisierungen, d.h. Umschriften des Koreanischen verwendet. Die am meisten verwendete Romanisierung ist die McCune-Reischauer-Romanisierung, die in den 1930er Jahren entwickelt wurde. Eine andere Umschrift, die oft verwendet wird, ist die Yale-Romanisierung.

Im Jahr 2000 wurde die sogenannte „offizielle Romanisierung" vom koreanischen Bildungsministerium eingeführt. Nach diesem Transkriptionssystem wurden Bücher, Ortsnamen, Schilder usw. geändert. Die neuen Regelungen sind aber noch nicht in allen Bereichen umgesetzt.
Bislang gibt es keine passende Romanisierung, die der deutschen Aussprache entspricht.
Das folgende Beispiel zeigt die verschiedenen Möglichkeiten der Transkription auf.

Hunminjeongeum (2000, offizielle Romanisierung)
Hunminjŏng´ŭm (McCune-Reischauer)
Hunmincengum (Yale Romanisierung)
Hunminjŏŋŭm
Hunminchŏngŭm …

In diesem Buch wird die offizielle Romanisierung Südkoreas verwendet; alle koreanischen Wörter und Sätze sind entsprechend transkribiert.

Tipps zum Erlernen des Koreanischen und zum Gebrauch dieses Buches

Muttersprachler und Muttersprachlerinnen

Wenn Sie keine Grundkenntnisse des Koreanischen haben, wäre es sehr wünschenswert, wenn Sie einen Muttersprachler oder eine Muttersprachlerin suchen, die Ihnen speziell dabei helfen können, die Aussprache zu erlernen. Die Umschrift des Koreanischen alleine ist dazu nicht wirklich geeignet. Oft werden Vokale, die in der Umschrift ausgeschrieben werden, zusammengezogen oder verschleifen miteinander.

Die Audio-Dateien

Versuchen Sie, wenn Sie die Audio-Dateien anhören, sich langsam von der Umschrift zu lösen und direkt im Hangeul zu folgen. So bekommen Sie allmählich ein Gefühl dafür, wie Sie mit der Umschrift umgehen können. Hören Sie sich die Audio-Aufnahmen mehrfach an. In den Tracks zur Kommunikation wird das Sprechtempo im Verlauf leicht erhöht.

Die Schrift

Hangeul ist eine relativ leicht zu erlernende Schrift. Viele Lernende wollen es am Anfang nicht glauben, dass man sie in circa einer Woche intensiver Beschäftigung erlernen kann. Probieren Sie es aus. Am besten schreiben Sie die Silben, während Sie sie lesen und aussprechen. Dann prägen sie sich besser ein.

Kommunikation und Wortschatz

Wenn Sie Grundkenntnisse des Koreanischen haben, können Sie die Kapitel Kommunikation und Wortschatz in beliebiger Reihenfolge bearbeiten. Lassen Sie sich durch die Situation leiten, mit der Sie gerade beschäftigt sind. Oder nutzen Sie zum Beispiel Ihr eigenes Umfeld als „Sprachlabor“, und lernen Sie in Ihrer Küche zu Hause das Kapitel Lebensmittel / Mengenangaben (W9). Wortkarten oder selbstklebende Zettel mit wichtigen Vokabeln können dabei helfen.

Grammatik

Bevor Sie mit den Grammatikkapiteln beginnen, machen Sie sich bitte noch einmal mit dem Absatz „Satzbau und Eigenschaften des Koreanischen“ auf Seite 8 vertraut. Es dauert erfahrungsgemäß einige Zeit, bis man sich grundlegende Eigenheiten, zum Beispiel die Satzstellung, angeeignet hat. Die Grammatikkapitel bauen dann aufeinander auf.

Die Konverbalform (Kapitel G11 / G12) ist oft eine der ersten großen Hürden, wenn man Koreanisch lernt. Sie wird hier ausführlich vorgestellt, weil sie auch zur Bildung anderer Formen benötigt wird. Lassen Sie sich aber nicht entmutigen, wenn Sie sich nicht gleich alle Unregelmäßigkeiten merken können. Sie werden sie immer leichter erkennen und behalten können.

Chinesischer Einfluss

Bei den Zahlen (G24 / G25) ist für Anfängerinnen und Anfänger am deutlichsten zu sehen, dass die koreanische Sprache früher vom Chinesischen beeinflusst wurde. Sie werden deshalb zwei Zahlenreihen lernen. Aber auch bei traditionellen und alltäglichen Wörtern wie z. B. „Danke“ lernen Sie manchmal zwei Wörter, die bedeutungsgleich sind. Eines davon kommt dann aus dem Chinesischen.

Englisch kann hilfreich sein

Bei aktuellen Begriffen z. B. aus der Popkultur und Begriffen aus der Technik finden Sie häufig Wörter aus dem Englischen, das heute die Sprache in Südkorea beeinflusst.
Sie kennen den koreanischen Begriff für *Rolltreppe* nicht? Kein Problem! Nehmen Sie das englische Wort *escalator* und sprechen Sie es „koreanisch" aus. Dieses Verfahren führt oft zum Erfolg.
Das Erlernen der koreanischen Vokabeln erfordert häufiges Wiederholen, da man nicht auf eine gemeinsame Sprachgeschichte wie z. B. mit dem Lateinischen zurückgreifen kann. Deshalb werden auch in diesem Buch (z. B. in der Grammatik) die Formen mit einer kleinen Auswahl der wichtigsten Verben erlernt und manche Vokabeln immer wieder gebraucht.

Koreanisch-Quellen

Falls Sie die Sprache nicht in Korea erlernen, können Sie trotzdem auf Originalmaterial zurückgreifen. Radiosender, Fernsehsender und Zeitungen, aber auch staatliche Einrichtungen haben sehr informative und gut gestaltete Seiten auf Englisch im Internet.
Bei den Zeitungen sind die Seiten von *Korea Times*, *The Korea Herald* und *JoongAng Ilbo* zu empfehlen.
Radio Korea International bzw. *KBS World Radio* hat sogar eine deutschsprachige Seite. Dort finden Sie manchmal Audio-Dateien aus Sprachkursen oder Radiosendungen, mit denen Sie sich in die Sprache einhören können.
Die *Korea Foundation* beispielsweise fördert den Kulturaustausch und den Spracherwerb.
Weiterführende Informationen und eine Linksammlung finden Sie auf den Seiten der Botschaft der Republik Korea. Aber auch ein Blick in Seiten der Demokratischen Volksrepublik Korea (Nordkorea) kann interessant sein.
Der koreanische Film feiert in den letzten Jahren auf vielen Filmfestivals Erfolge. Schauen Sie sich doch mal einen koreanischen Film an. Versuchen Sie, den Film möglichst im Original anzusehen, eventuell mit Untertiteln, so schulen Sie Ihr Ohr für die fremde Sprache und verstehen trotzdem noch alles.

Genießen Sie eine Lernpause einmal in einem koreanischen Restaurant, und lassen Sie sich die Originalkarte geben!

Viel Erfolg! 성공을 빕니다!

Hangeul: Grundvokale / Grundkonsonanten

Das koreanische Alphabet besteht aus 10 Grundvokalen und 14 Grundkonsonanten. Man schreibt sie von oben nach unten und von links nach rechts. Konsonanten und Vokale werden zu Silben verbunden und in gleich große (gedachte) Quadrate geschrieben.

1

Grundvokale

Die 10 Grundvokale in alphabetischer Reihenfolge sind:

Vokale	Umschrift / Aussprache
ㅏ	*a*
ㅑ	*ya*
ㅓ	*eo*
ㅕ	*yeo*
ㅗ	*o*

Vokale	Umschrift / Aussprache
ㅛ	*yo*
ㅜ	*u*
ㅠ	*yu*
ㅡ	*eu*
ㅣ	*i*

Mit dem Vokal allein kann man keine Silbe bilden. Dafür braucht man immer ㅇ als im Anlaut stimmlosen Platzhalter (siehe Übung 1). Bei Vokalen mit vertikalem Vokalstrich (ㅏ, ㅑ, ㅓ, ㅕ, ㅣ) steht der Konsonant links vom Vokal. Bei horizontalem Vokalstrich (ㅗ, ㅛ, ㅜ, ㅠ, ㅡ) steht der Konsonant über dem Vokal.

Grundkonsonanten

Die 14 Grundkonsonanten in alphabetischer Reihenfolge sind:

Konsonant	Umschrift / Aussprache	Name des Konsonanten
ㄱ	*g, k*	Giyeok
ㄴ	*n*	Nieun
ㄷ	*d, t*	Digeut
ㄹ	*r, l*	Rieul
ㅁ	*m*	Mieum
ㅂ	*b, p*	Bieup
ㅅ	*s*	Siot
ㅇ	*ng*	Ieung
ㅈ	*j*	Jieut
ㅊ	*ch*	Chieut
ㅋ	*k*	Kieuk
ㅌ	*t*	Tieut
ㅍ	*p*	Pieup
ㅎ	*h*	Hieut

ㄱ, ㄷ ㅂ werden vor Vokal als *„g, d, b"* und vor Konsonanten oder am Silbenende als *„k, t , p"* transkribiert und ausgesprochen. ㅇ wird als Auslautkonsonant als *„ng"* ausgesprochen. Die Konsonanten ㅊ, ㅋ, ㅌ und ㅍ nennt man aspirierte Konsonanten, weil sie besonders stark behaucht = hart ausgesprochen werden.

1 Schreiben Sie die Vokale mit dem Platzhalter.

Vokale	Schreibübung
아 *a*	
야 *ya*	
어 *eo*	
여 *yeo*	
오 *o*	

Vokale	Schreibübung
요 *yo*	
우 *u*	
유 *yu*	
으 *eu*	
이 *i*	

2 Schreiben Sie die Konsonanten.

Konsonant	Schreibübung
ㄱ *g, k*	
ㄴ *n*	
ㄷ *d, t*	
ㄹ *r, l*	
ㅁ *m*	
ㅂ *b, p*	
ㅅ *s*	

Konsonant	Schreibübung
ㅇ *ng*	
ㅈ *j*	
ㅊ *ch*	
ㅋ *k*	
ㅌ *t*	
ㅍ *p*	
ㅎ *h*	

3 Füllen Sie bitte aus.

	ㅏ	ㅕ	ㅠ	ㅡ	ㅣ
1. ㄱ	가				
2. ㄴ		녀			
3. ㄹ			류		
4. ㅁ				므	
5. ㅂ					비
6. ㅅ	사				
7. ㅈ		져			
8. ㅌ			튜		
9. ㅍ				프	
10. ㅎ					히

Hangeul: Grundkombinationen von Vokalen und Konsonanten

2

Grundkombinationen

Die folgende Tabelle zeigt die Grundkombinationen des Hangeuls:

	ㅏ *a*	ㅑ *ya*	ㅓ *eo*	ㅕ *yeo*	ㅗ *o*	ㅛ *yo*	ㅜ *u*	ㅠ *yu*	ㅡ *eu*	ㅣ *I*
ㄱ *g, k*	가	갸	거	겨	고	교	구	규	그	기
ㄴ *n*	나	냐	너	녀	노	뇨	누	뉴	느	니
ㄷ *d, t*	다	댜	더	뎌	도	됴	두	듀	드	디
ㄹ *r, l*	라	랴	러	려	로	료	루	류	르	리
ㅁ *m*	마	먀	머	며	모	묘	무	뮤	므	미
ㅂ *b, p*	바	뱌	버	벼	보	뵤	부	뷰	브	비
ㅅ *s*	사	샤	서	셔	소	쇼	수	슈	스	시
ㅇ *ng*	아	야	어	여	오	요	우	유	으	이
ㅈ *j*	자	쟈	저	져	조	죠	주	쥬	즈	지
ㅊ *ch*	차	챠	처	쳐	초	쵸	추	츄	츠	치
ㅋ *k*	카	캬	커	켜	코	쿄	쿠	큐	크	키
ㅌ *t*	타	탸	터	텨	토	툐	투	튜	트	티
ㅍ *p*	파	퍄	퍼	펴	포	표	푸	퓨	프	피
ㅎ *h*	하	햐	허	혀	호	효	후	휴	흐	히

3

Hier einige Beispielwörter:

고기 *gogi*	Fleisch
나라 *nara*	Land
다리미 *darimi*	Bügeleisen
라디오 *radio*	Radio
모자 *moja*	Hut, Mütze
바다 *bada*	Meer
소리 *sori*	Laut
성공 *seonggong*	Erfolg
자유 *jayu*	Freiheit
치다 *chida*	schlagen
크다 *keuda*	groß sein
토마토 *tomato*	Tomate
허수아비 *heosuabi*	Vogelscheuche

1 Lesen und schreiben Sie.

4

1. 기차 *gicha* — Zug ____ ____
2. 나비 *nabi* — Schmetterling ____ ____
3. 다리 *dari* — Bein ____ ____
4. 토마토 *tomato* — Tomaten ____ ____ ____
5. 소 *so* — Kuh ____
6. 사랑 *sarang* — Liebe ____ ____
7. 바구니 *baguni* — Korb ____ ____ ____
8. 사자 *saja* — Löwe ____ ____
9. 지도 *jido* — Landkarte ____ ____
10. 커피 *keopi* — Kaffee ____ ____

2 Ergänzen Sie das fehlende Schriftzeichen.

1. ____리 meo-ri — Kopf
2. 버____ beo-seu — Bus
3. 어머____ eo-meo-ni — Mutter
4. 아____지 a-beo-ji — Vater
5. 크____ keu-da — groß sein
6. 나____ na-mu — Baum
7. 비____ bi-nu — Seife
8. 아____ 다 a-peu-da — krank sein
9. 수____장 su-yeong-jang — Schwimmbad
10. ____추 hu-chu — Pfeffer

3 Ordnen Sie die Schriftzeichen der Aussprache zu.

1. 사다	A	*kokoa*	Kakao
2. 고기	B	*koteu*	Mantel
3. 코코아	C	*radio*	Radio
4. 라디오	D	*moja*	Hut
5. 모자	E	*gogi*	Fleisch
6. 포도	F	*hoju*	Australien
7. 호주	G	*sada*	kaufen
8. 파리	H	*banana*	Bananen
9. 코트	I	*podo*	Traube
10. 바나나	J	*pari*	Fliege

Hangeul: Doppelkonsonanten / Zusammengesetzte Vokale

Doppelkonsonanten

Es gibt 5 Doppelkonsonanten, die als Spannlaut ausgesprochen werden.
Die 5 Doppelkonsonanten in alphabetischer Reihenfolge sind:

Doppelkonsonant	Aussprache	Name
ㄲ	*kk*	Ssanggiyeok
ㄸ	*tt*	Ssangdigeut
ㅃ	*pp*	Ssangbieup
ㅆ	*ss*	Ssangsiot
ㅉ	*jj*	Ssangjieut

Bitte achten Sie genau auf den Unterschied in der Aussprache zwischen den Grundkonsonanten, den aspirierten Grundkonsonanten und den Doppelkonsonanten. Manche Wörter unterscheiden sich nur in einem dieser Konsonanten und haben ganz unterschiedliche Bedeutungen.

Grundkonsonanten	aspirierte Grundkonsonanten	Doppelkonsonanten
ㄱ *g*	ㅋ *k*	ㄲ *kk*
ㄷ *d*	ㅌ *t*	ㄸ *tt*
ㅂ *b*	ㅍ *p*	ㅃ *pp*
ㅅ *s*		ㅆ *ss*
ㅈ *j*	ㅊ *ch*	ㅉ *jj*

5

Hier einige Beispielwörter:

까치 *kkachi* Elster
따다 *ttada* pflücken
사다 *sada* kaufen
차다 *chada* stoßen
가짜 *gajja* Verfälschung
바쁘다 *bappeuda* beschäftigt sein
싸다 *ssada* billig sein
짜다 *jjada* salzig sein
타다 *tada* fahren
아프다 *apeuda* krank sein
자다 *jada* schlafen

6

Zusammengesetzte Vokale

Die Grundvokale können zu zusammengesetzten Vokalen kombiniert werden.
Die 11 zusammengesetzten Vokale in alphabetischer Reihenfolge sind:

Zusammengesetzte Vokale	ㅐ	ㅒ	ㅔ	ㅖ	ㅘ	ㅙ	ㅚ	ㅝ	ㅞ	ㅟ	ㅢ
Umschrift / Aussprache	ae	yae	e	ye	wa	wae	oe	wo	we	wi	ui

7

개미 *gaemi* Ameise
체조 *chejo* Gymnastik
사과 *sagwa* Apfel
외래어 *oeraeeo* Fremdwort
궤도 *gwedo* Schiene
의자 *uija* Stuhl
얘기 *yaegi* Unterhaltung
세계 *segye* Welt
돼지 *dwaeji* Schwein
추워요 *chuwoyo* Es ist kalt
귀 *gwi* Ohr

1 Füllen Sie bitte aus.

	ㅐ	ㅔ	ㅟ	ㅝ	ㅢ
1. ㄱ	개				
2. ㄴ		네			
3. ㄷ			뒤		
4. ㄹ				뤄	
5. ㅂ					븨
6. ㅅ	새				
7. ㅇ		에			
8. ㅈ			쥐		
9. ㅍ				풔	
10. ㅎ					희

2 Hören Sie TRACK 8. In welcher Reihenfolge hören Sie die Wörter unter A und B? 8

1. A ☐ 고리 *gori* Ring — B ☐ 꼬리 *kkori* Schwanz
2. A ☐ 달 *dal* Mond — B ☐ 딸 *ttal* Tochter
3. A ☐ 방 *bang* Zimmer — B ☐ 빵 *ppang* Brot
4. A ☐ 사다 *sada* kaufen — B ☐ 싸다 *ssada* billig sein
5. A ☐ 자다 *jada* schlafen — B ☐ 짜다 *jjada* salzig sein

3 Ergänzen Sie das fehlende Schriftzeichen.

1. _____ *gae* Hund
2. _____ 뉴 *me-nyu* Menü
3. _____기 *yae-gi* Unterhaltung
4. 예_____다 *ye-ppeu-da* hübsch sein
5. 전_____ *jeon-hwa* Telefon
6. _____화점 *baek-hwa-jeom* Kaufhaus
7. 시_____ *si-gye* Uhr
8. _____사 *hoe-sa* Firma
9. _____자 *ui-ja* Stuhl
10. _____ *wae* warum?

4 Ordnen Sie die Schriftzeichen der Aussprache zu.

1. 돼지
2. 회사
3. 외우다
4. 더워요
5. 쉬다
6. 위
7. 의사
8. 바쁘다

A *wi* oben
B *uisa* Arzt
C *swida* ausruhen
D *bappeuda* beschäftigt sein
E *oeuda* auswendig lernen
F dwaeji Schwein
G hoesa Firma
H deowoyo Es ist heiß.

Hangeul: Auslautkonsonanten

Auslautkonsonanten

Die 14 Grundkonsonanten und die beiden Doppelkonsonanten ㄲ und ㅆ können auch als Auslautkonsonanten verwendet werden.

Die folgende Tabelle zeigt die Ausspracheregeln:

Konsonant als Auslautkonsonant	Aussprache	Konsonant als Auslautkonsonant	Aussprache
ㄱ, ㅋ, ㄲ	*-k*	ㅁ	*-m*
ㄴ	*-n*	ㅂ, ㅍ	*-p*
ㄷ, ㅅ, ㅈ, ㅊ, ㅌ, ㅎ, ㅆ	*-t*	ㅇ	*-ng*
ㄹ	*-l*		

1. ㄱ, ㅋ, ㄲ *-k:* 국 *guk* Suppe 독 *dok* Gift 밖 *bak* draußen 부엌 *bueok* Küche
2. ㄴ *-n:* 눈 *nun* Schnee, Auge 돈 *don* Geld 산 *san* Berg 시간 *sigan* Zeit
3. ㄷ, ㅅ, ㅈ, ㅊ, ㅌ, ㅎ, ㅆ *-t:*
   듣다 *deutda* hören 솥 *sot* Topf 있다 *itda* da sein
   낫 *nat* Sichel 낮 *nat* Mittag 낯 *nat* Visage
4. ㄹ *-l:* 말 *mal* Sprache 달 *dal* Mond 서울 *seoul* Seoul
5. ㅁ *-m:* 봄 *bom* Frühling 꿈 *kkum* Traum 밤 *bam* Nacht 김치 *gimchi* Gimchi
6. ㅂ, ㅍ *-p:* 밥 *bap* Reis 답 *dap* Antwort 앞 *ap* vorne 숲 *sup* Wald
7. ㅇ *-ng:* 강 *gang* Fluss 빵 *ppang* Brot 가방 *gabang* Tasche

Einige Regeln der Aussprache

1. Liason: wenn ein vokalischer Anlaut dem konsonantischen Auslaut folgt.
   국이 *guk-i → gugi* 할아버지 *hal-a-beo-ji → harabeoji*

2. Nasale Assimilation:
   – wenn ㄱ vor ㄴ, ㅁ steht, wird ㄱ als ㅇ ausgesprochen
   작문 *jak-mun → jangmun* 직녀 *jik-nyeo → jingnyeo*
   – wenn ㄷ vor ㄴ, ㅁ steht, wird ㄷ als ㄴ ausgesprochen
   믿는 *mit-neun → minneun* 빗물 *bit-mul → binmul*
   – wenn ㅂ vor ㄴ, ㅁ steht, wird ㅂ als ㅁ ausgesprochen
   집만 *jip-man → jimman* 톱니 *top-ni → tomni*

3. Aspiration: wenn ㄱ ㄷ ㅂ ㅈ mit ㅎ zusammenkommen, werden sie aspiriert
   국학 *guk-hak → gukak* 좋게 *joh-ke → joke* 맏형 *mad-hyeong → matyeong*
   넣다 *neoh-da → neota* 입학 *ib-hak → ipak* 맞히다 *maj-hida → machida*

4. Wenn ㄹ nach Konsonanten außer ㄴ, ㄹ steht, wird ㄹ als ㄴ ausgesprochen.
   삼라 *sam-ra → samna* 동료 *dong-ryo → dongnyo*
   *Es kann anschließend die nasale Assimilation folgen (siehe 2).
   국립 *kuk-rip →* 국닙 *kuk-nip →* 궁닙 *kungnip*

5. Wenn ㄴ und ㄹ zusammenkommen, werden sie als „ll" ausgesprochen
   신라 *sin-ra → silla* 팔년 *pal-nyeon → pallyeon*

6. Wenn ㄹ zwischen Vokalen oder zwischen Vokal und ㅎ steht, wird ㄹ als „r" ausgesprochen
   일해요 *il-haeyo → ir(h)aeyo* 머리 *meori*

7. Wenn ㄷ und ㅌ vor dem Vokal ㅣ (Vokale mit ㅣ) stehen, werden sie ㅈ oder ㅊ.
   같이 *gat-i → gachi* 굳이 *gud-i → guji*

1 Füllen Sie aus.

Auslautkonsonant	가	누	허
1. ㄱ	각		
2. ㄴ		눈	
3. ㅁ			험
4. ㄹ	갈		
5. ㅂ		눕	
6. ㅇ			헝

2 Lesen und schreiben Sie in der Umschrift.

9

1.	한국	Korea	________	역	Bahnhof	________
2.	낚시	Angeln	________	밖	draußen	________
3.	문	Tür	________	전화	Telefon	________
4.	숟가락	Löffel	________	곧	bald	________
5.	젓가락	Stäbchen	________	옷	Kleidung	________
6.	늦다	spät sein	________	낮잠	Mittagsschlaf	________
7.	꽃	Blume	________	낯	Visage	________
8.	밑	unten	________	끝	Ende	________
9.	있다	haben, existieren	________	갔다	gehen (Vergangenheitsform)	________
10.	술	Alkohol	________	가을	Herbst	________
11.	남자	Mann	________	아이스크림	Eiskreme	________
12.	입	Mund	________	비빔밥	Bibimbap (Gericht)	________
13.	무릎	Knie	________	늪	Sumpf	________
14.	방	Zimmer	________	수영장	Schwimmbad	________

3 Ordnen Sie die Schriftzeichen der Umschrift zu.

10

1. 독	A	*yeoreum*	Sommer
2. 식당	B	*natda*	niedrig sein
3. 언니	C	*sueop*	Unterricht
4. 낮다	D	*eonni*	ältere Schwester (einer Frau)
5. 영어	E	*dok*	Gift
6. 여름	F	*yeongeo*	Englisch
7. 수업	G	*sikdang*	Restaurant
8. 창문	H	*kkot*	Blume
9. 꽃	I	*changmun*	Fenster

Hangeul: zusammengesetzte Auslautkonsonanten

Zusammengesetzte Auslautkonsonanten

Es gibt 11 zusammengesetzte Konsonanten, die nur als Auslautkonsonanten verwendet werden können.

Konsonanten als Auslautkonsonanten	Aussprache
ㄳ	*-k*
ㄵ	*-n*
ㄶ	*-n*
ㄺ	*-k*
ㄻ	*-m*
ㄼ	*-l/-p*
ㄽ	*-l*
ㄾ	*-l*
ㄿ	*-p*
ㅀ	*-l*
ㅄ	*-p*

Bei der Aussprache fällt entweder der letzte oder der erste Konsonant weg.
Wenn die nächste Silbe mit einem Vokal anfängt, werden auch beide Konsonanten realisiert.
Beispiel:

몫 *mok* 몫이 *moksi*

In der Kombination mit nachfolgenden Vokalen werden die Konsonanten meistens stimmhaft ausgesprochen.

11

1. 몫 *mok* Anteil: 몫이 *moksi*, 몫만 *mongman*
2. 앉다 *anda* sitzen: 앉으면 *anjeumyeon*, 앉고 *ango*
3. 많다 *manta* viel sein: 많으면 *maneumyeon*, 많고 *manko*
4. 읽다 *ikda* lesen: 읽으면 *ilgeumyeon*, 읽고 *ikgo*
5. 젊다 *jeomda* jung sein: 젊으면 *jeolmeumyeon*, 젊고 *jeomgo*
6. 짧다 *jjalda* kurz sein: 짧으면 *jjalbeumyeon*, 짧고 *jjalgo*
7. 외곬 *oegol* einziger Weg: 외곬으로 *oegolseuro*
8. 핥다 *halda* lecken: 핥으면 *halteumyeon*, 핥고 *halgo*
9. 읊다 *eupda* Gedichte rezitieren: 읊으면 *eulpeumyeon*, 읊고 *eupgo*
10. 잃다 *ilta* verlieren: 잃으면 *ireumyeon*, 잃고 *ilko*
11. 없다 *eopda* nicht da sein: 없으면 *eopseumyeon*, 없고 *eopgo*

1 Lesen und schreiben Sie in der Umschrift.

1. 몫 Anteil ___
2. 앉다 sitzen ___ ___
3. 싫어하다 hassen ___ ___ ___ ___
4. 괜찮다 okay sein ___ ___ ___
5. 밝다 hell sein ___ ___
6. 끓다 aufhören ___ ___
7. 넓다 breit sein ___ ___
8. 닮다 ähneln ___ ___
9. 여덟 acht ___ ___

2 Finden Sie die passende Transkription.

1. 밝아서
   - A ☐ *balgaseo*
   - B ☐ *palkaseo*
   - C ☐ *pakgaseo*
2. 젊어지다
   - A ☐ *jeoleojida*
   - B ☐ *jeomeojida*
   - C ☐ *jeolmeojida*
3. 읽으십시오
   - A ☐ *ikleusipsio*
   - B ☐ *ilgeusipsio*
   - C ☐ *ikeusipsio*
4. 없으면
   - A ☐ *eopeumyeon*
   - B ☐ *eospeumyeon*
   - C ☐ *eopseumyeon*

3 Lesen Sie und markieren Sie in diesem Text die zusammengesetzten Auslautkonsonanten und schreiben Sie in der Umschrift.

1. 토마스씨는 일곱 시에 일어나요. 여덟 시에 아침을 먹어요. 여덟 시

   ____

   반에 회사에 가요.

   ____

2. 아침에 일이 많으면 커피를 안 마셔요. 점심에 동료들과 함께

   ____

   식사하러 가요.

   ____

3. 점심을 먹은 후에 잠깐 카페에 앉아서 쉬어요. 시간이 좀 있으면 신문도

   ____

   읽어요.

   ______

4. 저녁에 약속이 없으면 운동을 하러 가요.

   ____

5. 운동을 싫어하지만 일주일에 두 번은 괜찮아요.

   ____

Persönliche Angaben

Angaben zur Person 신상정보 *sinsangjeongbo*

성 *seong*	Familienname	전화번호 *jeonhwabeonho*	Telefonnummer
이름 *ireum*	Name	이 메일 *i meil*	E-Mail
생년월일 *saengnyeonworil*	Geburtsdatum	직장 *jikjang*	Arbeitsort
출생지 *chulsaengji*	Geburtsort	직업 *jigeop*	Beruf
국적 *gukjeok*	Nationalität	남성 *namseong*	maskulin
학력 *hangnyeok*	Bildungsstand	여성 *yeoseong*	feminin
혼인관계 *honingwangye*	Familienstand	키 *ki*	Körpergröße
거주지 *geojuji*	Wohnort	몸무게 *mommuge*	Gewicht
주소 *juso*	Adresse	사진 *sajin*	Foto

Dokumente 증서 *jeungseo*

여권 *yeogwon*	Pass	운전면허증 *unjeonmyeonheojeung*	Führerschein
증명서 *jeungmyeongseo*	Ausweis	신용카드 *sinyongkadeu*	Kreditkarte

Charaktereigenschaften 성격 *seonggyeok*

사교적인 *sagyojeogin*	gesellig	친절한 *chinjeorhan*	freundlich
재미있는 *jaemiinneun*	interessant	조용한 *joyonghan*	ruhig
지루한 *jiruhan*	langweilig	수다스러운 *sudaseureoun*	gesprächig
건방진 *geonbangjin*	arrogant	정중한 *jeongjunghan*	höflich

Aussehen 외모 *oemo*

눈색 *nun saek*	Augenfarbe	예쁜 *yeppeun*	hübsch
머리색 *meorisaek*	Haarfarbe	못 생긴 *mot saenggin*	hässlich
피부색 *pibusaek*	Hautfarbe	매력적인 *maeryeokjeogin*	attraktiv
콧수염 있는 *kotsuyeom inneun*	mit Schnauzbart	큰 *keun*	groß
		작은 jageun	klein
턱수염 있는 *teoksuyeom inneun*	mit Bart	날씬한 *nalssinhan*	schlank
		비만의 *bimanui*	korpulent
안경을 낀 *angyeongeul kkin*	mit Brille	뚱뚱한 *ttungttunghan*	dick
대머리인 *daemeoriin*	kahl	스포티한 *seupotihan*	sportlich
머리가 긴 *meoriga gin*	mit langen Haaren		
머리가 짧은 *meoriga jjalbeun*	mit kurzen Haaren		

1 Ordnen Sie die koreanischen Wörter den deutschen Begriffen zu.

직업	이 메일	키	사진	주소	국적	혼인관계	학력

1. ______________________ E-Mail:
2. ______________________ Körpergröße
3. ______________________ Foto
4. ______________________ Bildungsstand
5. ______________________ Nationalität
6. ______________________ Familienstand
7. ______________________ Beruf
8. ______________________ Adresse

2 Welche Adjektive gehören zu welcher Gruppe? Ordnen Sie zu.

사교적인	뚱뚱한	예쁜	못 생긴
매력적인	친절한	날씬한	공손한

Aussehen	Charaktereigenschaften

3 Nach welchen Dokumenten bzw. persönlichen Angaben können Sie wo gefragt werden? Kreuzen Sie an.

1. Grenzkontrolle
   - A ☐ 전화번호
   - B ☐ 머리색
   - C ☐ 여권
   - D ☐ 몸무게

2. Bank
   - A ☐ 사진
   - B ☐ 직업
   - C ☐ 키
   - D ☐ 피부색

3. Verkehrskontrolle
   - A ☐ 이름
   - B ☐ 출생지
   - C ☐ 이 메일
   - D ☐ 운전면허증

4 Füllen Sie dieses Formular für sich selbst aus.

성: ______________________

이름: ______________________

출생지: ______________________

생년월일: ______________________

주소: ______________________

Berufe / Arbeitsorte

Beruf 직업 *jigeop*		Arbeitsort 직장 *jikjang*	
사장 *sajang*	Direktor	회사 *hoesa*	Firma
대표 *daepyo*	Geschäftsführer	기업 *gieop*	Unternehmen
대리인 *daeriin*	Stellvertreter	기관 *gigwan*	Institution
비서 *biseo*	Sekretär	사무실 *samusil*	Büro
사업가 *saeopga*	Geschäftsmann	국제기업 *gukjegieop*	Internationales Unternehmen
엔지니어 *enjinieo*	Ingenieur	사무실 *samusil*	Büro
직원 *jigwon*	Arbeiter	공장 *gongjang*	Fabrik
의사 *uisa*	Arzt	병원 *byeongwon*	Krankenhaus
약사 *yaksa*	Apotheker	약국 *yakguk*	Apotheke
화가 *hwaga*	Maler	스튜디오 *seutyudio*	Studio
가수 *gasu*	Sänger	무대 *mudae*	Bühne
작가 *jakga*	Schriftsteller	출판사 *chulpansa*	Verlag
소방관 *sobanggwan*	Feuerwehrmann	소방서 *sobangseo*	Feuerwehr
경찰관 *gyeongchalgwan*	Polizist	경찰서 *gyeongchalseo*	Polizei
정치가 *jeongchiga*	Politiker	국회 *gukoe*	Parlament
선생 *seonsaeng*	Lehrer	학교 *hakgyo*	Schule
선수 *seonsu*	Sportler	운동장 *undongjang*	Sportplatz
학자 *hakja*	Wissenschaftler	연구소 *yeonguso*	Institut
제빵사 *jeppangsa*	Bäcker	제과점 *jegwajeom*	Bäckerei
미용사 *miyongsa*	Friseurin	미용실 *miyongsil*	Friseursalon
식당종업원 *sikdangjongeobwon*	Kellner	식당 *sikdang*	Restaurant
판매원 *panmaewon*	Verkäufer	가게 *gage*	Laden
재단사 *jaedansa*	Schneider	양복점 *yangbokjeom*	Schneiderei
운전사 *unjeonsa*	Fahrer	택시 *taeksi*	Taxi
요리사 *yorisa*	Koch	구내식당 *gunaesikdang*	Kantine, Großküche

1 Wer arbeitet wo? Ordnen Sie zu.

1. 선생
2. 의사
3. 요리사
4. 비서
5. 정치가

A 식당
B 국회
C 학교
D 병원
E 회사

2 Lesen Sie die Umschreibungen. Welcher Beruf ist gemeint?

1. Jemand, der Haare schneidet: ______________________________
2. Jemand, der auf der Straße für Ordnung sorgt: ______________________________
3. Eine Person, die im Laden arbeitet: ______________________________
4. Jemand, der in der Schule unterrichtet: ______________________________
5. Diese Person singt beruflich: ______________________________

3 Was sind oder waren diese Personen von Beruf? Kreuzen Sie an.

1. 셰익스피어
   William Shakespeare
   A ☐ 요리사
   B ☐ 판매원
   C ☐ 작가

2. 빈센트 반 고흐
   Vincent van Gogh
   A ☐ 화가
   B ☐ 운전사
   C ☐ 소방관

3. 프란츠 베켄바우어
   Franz Beckenbauer
   A ☐ 약사
   B ☐ 선수
   C ☐ 의사

4. 빌리 브란트
   Willy Brandt
   A ☐ 경찰관
   B ☐ 정치가
   C ☐ 엔지니어

5. 마돈나
   Madonna
   A ☐ 비서
   B ☐ 미용사
   C ☐ 가수

Länder / Nationalitäten / Sprachen

	Land 국가 *gukga*	Nationalität 국적 *gukjeok*	Sprache 언어 *eoneo*
Australien	호주 *hoju*	호주 사람 *hoju saram*	영어 *yeongeo*
China	중국 *jungguk*	중국 사람 *jungguk saram*	중국어 *junggugeo*
Deutschland	독일 *dogil*	독일 사람 *dogil saram*	독일어 *dogireo*
England	영국 *yeongguk*	영국 사람 *yeongguk saram*	영어 *yeongeo*
Frankreich	프랑스 *peurangseu*	프랑스 사람 *peurangseu saram*	프랑스어 *peurangseueo*
Griechenland	그리스 *geuriseu*	그리스 사람 *geuriseu saram*	그리스어 *geuriseueo*
Holland	네덜란드 *nedeollandeu*	네덜란드 사람 *nedeollandeu saram*	네덜란드어 *nedeollandeueo*
Indien	인도 *Indo*	인도 사람 *Indo saram*	힌두어 *hindueo* 영어 *yeongeo*
Italien	이탈리아 *itallia*	이탈리아 사람 *itallia saram*	이태리어 *itaerieo*
Japan	일본 *ilbon*	일본 사람 *ilbon saram*	일본어 *ilboneo*
Kanada	캐나다 *kaenada*	캐나다 사람 *kaenada saram*	영어 *yeongeo* 프랑스어 *peurangseueo*
Korea	한국 *hanguk*	한국 사람 *hanguk saram*	한국어 *hangugeo*
Mongolei	몽골 *monggol*	몽골 사람 *monggol saram*	몽골어 *monggoreo*
Neuseeland	뉴질랜드 *nyujillaend*	뉴질랜드 사람 *nyujillaend saram*	영어 *yeongeo*
Norwegen	노르웨이 *noreuwei*	노르웨이 사람 *noreuwei saram*	노르웨이어 *noreuweieo*
Österreich	오스트리아 *oseuteuria*	오스트리아 사람 *oseuteuria saram*	독일어 *dogireo*
Polen	폴란드 *pollandeu*	폴란드 사람 *pollandeu saram*	폴란드어 *pollandeueo*
Portugal	포르투갈 *poreutugal*	포르투갈 사람 *poreutugal saram*	포르투갈어 *poreutugareo*
Russland	러시아 *reosia*	러시아 사람 *reosia saram*	러시아어 *reosiaeo*
Schweden	스웨덴 *seuweden*	스웨덴 사람 *seuweden saram*	스웨덴어 *seuwedeneo*
Schweiz	스위스 *seuwiseu*	스위스 사람 *seuwiseu saram*	독일어 *dogireo* 프랑스어 *peurangseueo* 이태리어 *itaerieo*
Spanien	스페인 *seupein*	스페인 사람 *seupein saram*	스페인어 *seupeineo*
Türkei	터키 *teoki*	터키 사람 *teoki saram*	터키어 *teokieo*
Ungarn	헝가리 *heonggari*	헝가리 사람 *heonggari saram*	헝가리어 *heonggarieo*
USA	미국 *miguk*	미국 사람 *miguk saram*	영어 *yeongeo*
Vietnam	베트남 *beteunam*	베트남 사람 *beteunam saram*	베트남어 *beteunameo*

Verben

… 으로 가요. *euro gayo* (Richtungsangabe)	fahren nach …
… 에서 왔어요. *eseo wasseoyo* (Herkunftsort)	kommen aus …
… 에서 살아요. *eseo sarayo* (Lokativ)	wohnen in …
… 에서 휴가를 보내요. *eseo hyugareul bonaeyo* (Lokativ)	Urlaub machen in …

1 Welche dieser Länder sind direkte Nachbarn? Kreuzen Sie an.

1. 한국
   - A ☐ 스페인
   - B ☐ 중국
   - C ☐ 폴란드

2. 독일
   - A ☐ 미국
   - B ☐ 오스트리아
   - C ☐ 베트남

3. 프랑스
   - A ☐ 네덜란드
   - B ☐ 터키
   - C ☐ 일본

2 Welche Hauptstadt gehört zu welchem Land? Ordnen Sie zu.

1. 서울	A 프랑스
2. 베를린	B 터키
3. 도쿄	C 영국
4. 런던	D 한국
5. 앙카라	E 오스트리아
6. 파리	F 독일
7. 빈	G 일본

3 Welche Sprache sprechen die Menschen welcher Nationalität? Ergänzen Sie die Sätze nach dem Muster:

한국 사람은 한국어를 해요.

1. 미국 사람은 ________________ 를 해요.
2. 중국 사람은 ________________ 를 해요.
3. ________________ 은 러시아어를 해요.
4. 인도 사람은 ________________ 를 해요.
5. ________________ 그리스어를 해요.
6. 프랑스 사람은 ________________ 를 해요.

4 Wo wohnten diese berühmten Persönlichkeiten?

영국	스페인	독일	미국	러시아	오스트리아	프랑스

1. 처칠은 (Churchill) ________________ 에서 살았어요.
2. 모차르트는 (Mozart) ________________ 에서 살았어요.
3. 나폴레옹은 (Napoleon) ________________ 에서 살았어요.
4. 톨스토이는 (Tolstoi) ________________ 에서 살았어요.
5. 루즈벨트는 (Roosevelt) ________________ 에서 살았어요.
6. 살바도르 달리는 (Salvador Dali) ________________ 에서 살았어요.
7. 리차드 바그너는 (Richard Wagner) ________________ 에서 살았어요.

Familie

Familienmitglieder 가족구성원 *gajokguseongwon*

할아버지	*harabeoji*	Großvater	조부모	*jobumo*	Großeltern
할머니	*halmeoni*	Großmutter			
손자	*sonja*	Enkel	손주	*sonju*	Enkelkinder
손녀	*sonnyeo*	Enkelin			
아버지	*abeoji*	Vater	부모	*bumo*	Eltern
어머니	*eomeoni*	Mutter			
남편	*nampyeon*	Ehemann	부부	*bubu*	Ehepaar
아내	*anae*	Ehefrau			
아들	*adeul*	Sohn	아이	*ai*	Kinder
딸	*ttal*	Tochter			
형	*hyeong*	älterer Bruder eines Mannes	형제	*hyeongje*	Geschwister
오빠	*oppa*	älterer Bruder einer Frau			
언니	*eonni*	ältere Schwester einer Frau	자매	*jamae*	Geschwister
누나	*nuna*	ältere Schwester eines Mannes			
남동생	*namdongsaeng*	jüngerer Bruder	동생	*dongsaeng*	Geschwister
여동생	*yeodongsaeng*	jüngere Schwester			
고모	*gomo*	Tante väterlicherseits	친척	*chincheok*	Verwandtschaft
이모	*imo*	Tante mütterlicherseits			
삼촌	*samchon*	Onkel väterlicherseits			
외삼촌	*oesamchon*	Onkel mütterlicherseits			
사촌	*sachon*	Cousine / Cousin			
시아버지	*siabeoji*	Schwiegervater einer Frau	시부모	*sibumo*	Schwiegereltern einer Frau
시어머니	*sieomeoni*	Schwiegermutter einer Frau			
장인	*jangin*	Schwiegervater eines Mannes	장인 장모	*jangin jangmo*	Schwiegereltern eines Mannes
장모	*jangmo*	Schwiegermutter eines Mannes			
사위	*sawi*	Schwiegersohn			
며느리	*myeoneuri*	Schwiegertochter			

Familienstand 가족상황 *gajoksanghwang*

유부남	*yubunam*	verheiratet (m.)	이혼남	*ihonnam*	geschieden (m.)
유부녀	*yubunyeo*	verheiratet (f.)	이혼녀	*ihonnyeo*	geschieden (f.)
독신남	*doksinnam*	ledig (m.)	홀아비	*horabi*	verwitwet (m.)
독신녀	*doksinnyeo*	ledig (f.)	과부	*gwabu*	verwitwet (f.)

Familienfeste und -ereignisse 가족잔치 *gajokjanchi*

결혼	*gyeorhon*	Hochzeit	이혼	*ihon*	Scheidung
약혼	*yakon*	Verlobung	생일	*saengil*	Geburtstag
장례식	*jangnyesik*	Beerdigung	돌	*dol*	1. Geburtstag
제사	*jesa*	Ahnenverehrung	파티	*pati*	Party

1 Finden Sie das passende „Gegenstück", z. B. 할아버지 - 할머니

장인	이혼	어머니	남동생	고모
며느리	아들	손녀	아내	시어머니

1. 아버지 - ____________
2. 형 - ____________
3. 장모 - ____________
4. 남편 - ____________
5. 삼촌 - ____________
6. 사위 - ____________
7. 딸 - ____________
8. 결혼 - ____________
9. 손자 - ____________
10. 시아버지 - ____________

2 Wer ist das? Ergänzen Sie.

1. Der Sohn Ihres Vaters, aber nicht Sie, ist Ihr ____________
2. Der Vater Ihrer Mutter ist Ihr ____________
3. Der Sohn Ihres Onkels ist Ihr ____________
4. Die Mutter Ihrer Frau ist Ihre ____________
5. Der Bruder Ihres Vaters ist Ihr ____________
6. Ihre jüngere Schwester ist Ihre ____________
7. Ihr Sohn und Ihre Tochter sind Ihre ____________

3 Wie ist der Familienstand dieser Menschen? Ergänzen Sie.

1. Thomas hat eine Frau. Er ist ...
토마스 씨는 ____________ 입니다.

2. Die Frau von Andreas ist gestorben. Er ist ...
안드레아스 씨는 ____________ 입니다.

3. Julia ist von ihrem Mann geschieden. Sie ist ...
율리아 씨는 ____________ 입니다.

4. Susanne hat einen Mann. Sie ist ...
수잔네 씨는 ____________ 입니다.

5. Wolfgang ist noch nicht verheiratet. Er ist ...
볼프강 씨는 ____________ 입니다.

Und wie ist Ihr Familienstand? Ich bin ...
저는 ____________ 입니다.

Freizeit / Hobbys

Hobby 취미생활 *chwimisaenghwal*

여행하다 *yeohaenghada*	reisen	노래하다 *noraehada*	singen
(책을) 읽다 *chaegeul ikda*	(Bücher) lesen	춤을 추다 *chumeul chuda*	tanzen
(언어를) 배우다 *eoneoreul baeuda*	(Sprachen) lernen	파티 하다 *pati hada*	ein Fest feiern
요리하다 *yorihada*	kochen	쇼핑 가다 *syoping gada*	shoppen gehen
친구를 만나다 *chingureul mannada*	einen Freund treffen	컴퓨터 하다 *keompyuteo hada*	am Computer spielen
TV를 보다 *tibireul boda*	fernsehen	등산하다 *deungsanhada*	bergsteigen
사진을 찍다 *sajineul jjikda*	fotografieren	산책하다 *sanchaekada*	spazieren gehen

Kunst und Kultur 예술과 문화 *yesulgwa munhwa*

그림 *geurim*	Malerei	연극 *yeongeuk*	Theaterspiel
그리다 *geurida*	malen	극장에 가다 *geukjange gada*	ins Theater gehen (ins Kino gehen)
음악 *eumak*	Musik	연극을 보다 *yeongeugeul boda*	ein Theaterstück ansehen
음악을 하다 *eumageul hada*	musizieren	영화관 *yeonghwagwan*	Kino
콘서트 *konseoteu*	Konzert	영화관에 가다 *yeonghwagwane gada*	ins Kino gehen
콘서트에 가다 *konseoteue gada*	ins Konzert gehen	영화를 보다 *yeonghwareul boda*	einen Film ansehen
뮤지컬 *myujikeol*	Musical	전시회 *jeonsihoe*	Ausstellung
뮤지컬에 가다 *myujikeore gada*	ins Musical gehen	전시회에 가다 *jeonsihoee gada*	eine Ausstellung besuchen

Sport 운동 *undong*

축구 *chukgu*	Fußball	테니스 *teniseu*	Tennis
축구를 하다 *chukgureul hada*	Fußball spielen	테니스를 치다 *teniseureul chida*	Tennis spielen
농구 *nonggu*	Basketball	수영 *suyeong*	Schwimmen
농구를 하다 *nonggureul hada*	Basketball spielen	수영을 하다 *suyeongeul hada*	schwimmen
배구 *baegu*	Volleyball	육상 *yuksang*	Leichtathletik
배구를 하다 *baegureul hada*	Volleyball spielen	육상을 하다 *yuksangeul hada*	Leichtathletik machen
야구 *yagu*	Baseball	태권도 *taegwondo*	Taekwondo
야구를 하다 *yagureul hada*	Baseball spielen	태권도를 하다 *taegwondoreul hada*	Taekwondo machen

1 Was mag Min-Su und was mag Ji-Young? Ordnen Sie die Hobbys den entsprechenden Personen zu.

수영을 하다 춤을 추다 여행하다 축구를 하다 테니스를 치다 그림을 그리다 노래하다 책을 읽다 농구를 보다 등산을 하다

민수는 좋아해요:

1. singen: ______
2. reisen: ______
3. schwimmen: ______
4. bergsteigen: ______
5. Fußball spielen: ______

지영은 좋아해요:

6. lesen: ______
7. tanzen: ______
8. malen: ______
9. Tennis spielen: ______
10. Basketball ansehen: ______

Und was sind Ihre Hobbys? ______

2 Was passt zusammen? Ordnen Sie zu.

1. 치다
2. 그리다
3. 찍다
4. 추다

A 노래
B 사진
C 테니스
D 극장
E 축구
F 산책
G 영화
H 춤
I 연극
J 태권도
K TV
L 그림

3 Das, was andere Menschen als Hobbys bezeichnen, haben diese Menschen zu ihrem Beruf gemacht. Um welchen Bereich geht es? Kreuzen Sie an.

1. 로버트 드 니로 (Robert de Niro)
A ☐ 수영
B ☐ 배구
C ☐ 영화

2. 보리스 벡커 (Boris Becker)
A ☐ 등산
B ☐ 테니스
C ☐ 음악

3. 마이클 잭슨 (Michael Jackson)
A ☐ 그림
B ☐ 연극
C ☐ 노래

Datum / Zeitangaben

Jahreszeiten 계절 *gyejeol*

봄 *bom*	Frühling	가을 *gaeul*	Herbst
여름 *yeoreum*	Sommer	겨울 *gyeoul*	Winter

G24
Monate 달 *dal*

일월 *irwol*	Januar	칠월 *chirwol*	Juli
이월 *iwol*	Februar	팔월 *parwol*	August
삼월 *samwol*	März	구월 *guwol*	September
사월 *sawol*	April	시월 *siwol*	Oktober
오월 *owol*	Mai	십일월 *sibirwol*	November
유월 *yuwol*	Juni	십이월 *sibiwol*	Dezember

Wochentage 요일 *yoil*

주 *ju*	Woche	목요일 *mogyoil*	Donnerstag
월요일 *woryoil*	Montag	금요일 *geumyoil*	Freitag
화요일 *hwayoil*	Dienstag	토요일 *toyoil*	Samstag
수요일 *suyoil*	Mittwoch	일요일 *iryoil*	Sonntag

G24
Datum 날짜 *naljja* (Koreanische Schreibweise: Jahr / Monat / Tag)

1998 년	천구백구십팔년 *cheongubaekgusippallyeon* (wörtl.: tausend neun hundert neunzig acht Jahr)
2024 년	이천이십사년 *icheonisipsanyeon* (wörtl.: zwei tausend zwanzig vier Jahr)
2030 년 12월 1일 (2030.12.01.)	이천삼십년 십이월 일일 *icheonsamsimnyeon sibiwol iril* (wörtl.: zwei tausend dreißig Jahr zwölf Monat ein Tag)

G24
G25
Uhrzeit 시간 *sigan*

시간 *sigan*	Stunde	정각 *jeonggak*	Punkt (Uhrzeit)
오전 *ojeon*	vormittags	오후 *ohu*	nachmittags
분 *bun*	Minute	전 *jeon*	vor
초 *cho*	Sekunde	후 *hu*	nach
시 *si*	Uhr	반 *ban*	halb

9:00	아홉 시 *ahop si* (wörtl.: neun Uhr)	정각 아홉 시 *jeonggak ahop si*
2:55	두 시 오십오 분 *du si osibo bun*	세 시 오분 전 *se si obun jeon*
17:30	오후 다섯 시 반 *ohu daseot si ban* (wörtl.: nachmittags 5 Uhr halb)	십칠 시 삼십 분 *sipchil si samsip bun*
19:10	오후 일곱 시 십 분 *ohu ilgop si sip bun*	십구 시 십 분 *sipgu si sip bun*

Vorsicht: Für Minuten- und Sekundenangaben verwendet man die sinokoreanische, für die Stunden allerdings die koreanische Zahlenreihe.

1 Zu welcher Jahreszeit gehören diese Monate? Die Jahreszeiten in Korea entsprechen denen in Europa.

십이월	구월	이월	유월	칠월	시월
십일월	일월	오월	삼월	팔월	사월

봄	여름	가을	겨울

2 Verbinden Sie die ausgeschriebene Datumsangabe mit der entsprechenden Form in Ziffern.

1. 천구백칠십사년 십이월 이십오일
2. 이천이십오년 시월 십일
3. 이천이십사년 일월 일일
4. 이천사십년 유월 일일
5. 이천오년 팔월 십오일

A 2005.08.15
B 2040.06.10
C 1974.12.25
D 2025.10.10
E 2024.01.01

3 Wie spät ist es? – 몇 시예요? Ergänzen Sie die passenden Wörter.

시 전 정각 분 반

14:00

1. ______________________

20:30

2. ______________________

12:50

3. ______________________

11:15

4. ______________________

08:20

5. ______________________

05:45

6. ______________________

In der Stadt

Allgemein 일반 *ilban*

도시 *dosi*	Stadt	시골 *sigol*	Provinz
마을 *maeul*	Dorf	시내 *sinae*	Zentrum
길 *gil*	Straße	구시가지 *gusigaji*	Altstadt
수도 *sudo*	Hauptstadt	광장 *gwangjang*	Platz
골목 *golmok*	Gasse	가로수 길 *garosu gil*	Allee

Einrichtungen und Gebäude 시설물과 건물 *siseolmulgwa geonmul*

은행 *eunhaeng*	Bank	가게 *gage*	Geschäft
시청 *sicheong*	Rathaus	공원 *gongwon*	Park
절 *jeol*	Tempel	우체국 *ucheguk*	Post
교회 *gyohoe*	Kirche	경찰서 *gyeongchalseo*	Polizei
도서관 *doseogwan*	Bibliothek	시청 *sicheong*	Rathaus
소방서 *sobangseo*	Feuerwehr	운동장 *undongjang*	Sportplatz
공항 *gonghang*	Flughafen	역 *yeok*	Bahnhof
영화관 *yeonghwagwan*	Kino	극장 *geukjang*	Theater
병원 *byeongwon*	Krankenhaus	수영장 *suyeongjang*	Schwimmbad
학교 *hakgyo*	Schule	대학교 *daehakgyo*	Universität
학원 *hagwon*	Akademie	유치원 *yuchiwon*	Kindergarten
회사 *hoesa*	Firma	사무실 *samusil*	Büro
박물관 *bangmulgwan*	Museum	도서관 *doseogwan*	Bibliothek

Geschäfte 상점 *sangjeom*

식료품점 *singnyopumjeom*	Lebensmittelgeschäft	제과점 *jegwajeom*	Bäckerei
가정용품점 *gajeongyongpumjeom*	Haushaltswaren-geschäft	서점 *seojeom*	Buchhandlung
스포츠용품점 *seupocheuyongpumjeom*	Sportgeschäft	시장 *sijang*	Markt
약국 *yakguk*	Apotheke	어시장 *eosijang*	Fischmarkt
백화점 *baekwajeom*	Kaufhaus	꽃시장 *kkotsijang*	Blumenmarkt
신발가게 *sinbalgage*	Schuhgeschäft	꽃집 *kkotjip*	Blumenladen
옷가게 *otgage*	Bekleidungsgeschäft	정육점 *jeongyukjeom*	Metzgerei
문방구 *munbanggu*	Schreibwarenladen	장난감가게 *jangnangamgage*	Spielzeugladen
노래방 *noraebang*	Karaokeraum (wörtl.: Singenraum)	비디오방 *bidiobang*	Videoraum
PC방 *pisibang*	Internetcafé (wörtl.: PC-Raum)	찜질방 *jjimjilbang*	Sauna(-raum)

1 Kreuzen Sie an. Wo gehen Sie hin, wenn Sie …

1. … zum Arzt müssen?
   A ☐ 교회
   B ☐ 수영장
   C ☐ 병원
   D ☐ 은행

2. … Medizin brauchen?
   A ☐ 우체국
   B ☐ 학교
   C ☐ 공원
   D ☐ 약국

3. … etwas kaufen wollen?
   A ☐ 은행
   B ☐ 백화점
   C ☐ 소방서
   D ☐ 역

4. … spazieren gehen wollen?
   A ☐ 공원
   B ☐ 경찰서
   C ☐ 서점
   D ☐ 신발가게

5. … singen gehen wollen?
   A ☐ PC방
   B ☐ 노래방
   C ☐ 문방구
   D ☐ 옷가게

6. … Geld überweisen wollen?
   A ☐ 제과점
   B ☐ 은행
   C ☐ 찜질방
   D ☐ 대학교

2 In welches Geschäft gehen Sie, wenn Sie Folgendes kaufen wollen? Ergänzen Sie.

옷가게 스포츠용품점 서점 장난감가게
제과점 식료품점 신발가게

1. Lebensmittel ____________________
2. Schuhe ____________________
3. Brot ____________________
4. Spielzeug ____________________
5. Bücher ____________________
6. Kleidung ____________________
7. Tennisschläger ____________________

3 Es gibt viel Sehenswertes in Seoul. Ergänzen Sie die Namen der Sehenswürdigkeiten mit den unterstrichenen Wörtern.

1. Nationalmuseum von Korea — 국립 중앙 ____________________
2. Dongdaemun Sportplatz — 동대문 ____________________
3. Namdaemun Markt — 남대문 ____________________
4. Olympia Park — 올림픽 ____________________
5. Seoul Universität — 서울 ____________________

Restaurant / Speisen und Getränke

Gastronomie 요식업 *yosigeop*

바 *ba*	Bar	식당 *sikdang*	Restaurant
카페 *kape*	Café	구내 식당 *gunae sikdang*	Kantine
호프 *hopeu*	Bierhaus	학생식당 *haksaengsikdang*	Mensa

Im Restaurant 식당에서 *sikdangeseo*

예약하다 *yeyakhada*	reservieren	메뉴판 *menyupan*	Speisekarte
주문하다 *jumunhada*	bestellen	메뉴 *menyu*	Menü
계산하다 *gyesanhada*	bezahlen	오늘의 메뉴 *oneurui menyu*	Tagesmenü
식탁 *siktak*	Tisch	웨이터 *weiteo*	Kellner/-in
자리 *jari*	Platz		

Auf dem Tisch 식탁 위에 *siktak wie*

접시 *jeopsi*	Teller	냅킨 *naepkin*	Serviette
칼 *kal*	Messer	숟가락 *sutgarak*	Löffel
잔 *jan*	Tasse	젓가락 *jeotgarak*	Stäbchen
컵 *keop*	Glas	포크 *pokeu*	Gabel
그릇 *geureut*	Geschirr	식기 *sikgi*	Geschirr und Bestec

Mahlzeiten 식사시간 *siksasigan*

아침 먹다 *achim meokda*	frühstücken	군것질 하다 *gungeotjil hada*	naschen
점심 먹다 *jeomsim meokda*	zu Mittag essen	과자 *gwaja*	Kekse
저녁 먹다 *jeonyeok meokda*	zu Abend essen	전채요리 *jeonchaeyori*	Vorspeise

Speisen 음식 *eumsik*

국 *guk*	Suppe	국수 *guksu*	Nudeln
요리 *yori*	Gericht	반찬 *banchan*	Beilagen
고기요리 *gogiyori*	Fleischgericht	아이스크림 *aiseukeurim*	Eiscreme
생선요리 *saengseonnyori*	Fischgericht	케이크 *keikeu*	Kuchen
야채요리 *yachaeyori*	Gemüsegericht	디저트 *dijeoteu*	Nachtisch
야채 *yachae*	Gemüse	과일 *gwail*	Obst

Getränke 음료수 *eumnyosu*

술 *sul*	alkoholisch	물 *mul*	Wasser
맥주 *maekju*	Bier	차 *cha*	Tee
생맥주 *saengmaekju*	Fassbier	홍차 *hongcha*	Schwarztee
소주 *soju*	Schnaps	녹차 *nokcha*	Grüntee
막걸리 *makgeolli*	Reiswein (trüb)	커피 *keopi*	Kaffee
포도주 *podoju*	Wein	코코아 *kokoa*	Kakao
위스키 *wiseuki*	Whisky	주스 *juseu*	Saft
샴페인 *syampein*	Sekt	콜라 *kolla*	Cola
칵테일 *kakteil*	Cocktail	우유 *uyu*	Milch

1 Lösen Sie das Rätsel.

음료수	커피	메뉴판	막걸리	식당
디저트	반찬	전채요리	음식	웨이터

1. Sie bestellen nach dieser Liste ______________________
2. Das essen Sie vor dem Hauptgericht ______________________
3. Er bringt Ihnen das Menü ______________________
4. Zum Reis gibt es verschiedene davon ______________________
5. Süßer Gang zum Abschluss ______________________
6. Speise / Essen allgemein ______________________
7. Alles, was man trinken kann ______________________
8. Schwarz, heiß, macht munter ______________________
9. Alkoholisches Getränk aus Reis ______________________
10. Wo man auswärts essen geht ______________________

2 Ordnen Sie die Wörter den entsprechenden Überschriften zu.

맥주 아이스크림 젓가락 냅킨 잔 포도주 소주 케이크

디저트	술	식탁 위에

3 Was passt nicht in die Reihe? Markieren Sie.

1. 소주 - 과일 - 맥주 - 포도주
2. 케이크 - 접시 - 젓가락 - 숟가락
3. 아이스크림 - 생선요리 - 케이크 - 디저트
4. 고기요리 - 야채요리 - 생선요리 - 샴페인
5. 우유 - 아침 - 점심 - 저녁

Wortschatz

Lebensmittel / Mengenangaben

Gemüse 야채 *yachae*

오이 *oi*	Gurke	생강 *saenggang*	Ingwer
감자 *gamja*	Kartoffel	무 *mu*	Rettich
고구마 *goguma*	Süßkartoffel	마늘 *maneul*	Knoblauch
시금치 *sigeumchi*	Spinat	파 *pa*	Lauchzwiebel
배추 *baechu*	Chinakohl	양파 *yangpa*	Zwiebel
당근 *danggeun*	Karotte	콩 *kong*	Bohnen

Milchprodukte 유제품 *yujepum*

우유 *uyu*	Milch	요구르트 *yogureuteu*	Joghurt
치즈 *chijeu*	Käse	마가린 *magarin*	Margarine
버터 *beoteo*	Butter	생크림 *saengkeurim*	Sahne

Fleisch 고기 *gogi*

쇠고기 *soegogi*	Rindfleisch	오리고기 *origogi*	Entenfleisch
닭고기 *dakgogi*	Hähnchen	베이컨 *beikeon*	Speck
돼지고기 *dwaejigogi*	Schweinefleisch	소시지 *sosiji*	Wurst
생선 *saengseon*	Fisch		

Backwaren 빵 *ppang*

빵 *ppang*	Brot	케이크 *keikeu*	Kuchen
샌드위치 *saendeuwichi*	Sandwich	과자 *gwaja*	Keks

Gewürze 양념 *yangnyeom*

소금 *sogeum*	Salz	고춧가루 *gochutgaru*	Chilipulver
설탕 *seoltang*	Zucker	식초 *sikcho*	Essig
후추 *huchu*	Pfeffer	기름 *gireum*	Speiseöl
간장 *ganjang*	Sojasauce	참기름 *chamgireum*	Sesamöl
액젓 *aekjeot*	Fischsauce	새우젓 *saeujeot*	eingelegte Shrimps

Getreide u. a. 곡류 *gongnyu*

쌀 *ssal*	Reis (ungekocht)	밀가루 *milgaru*	Mehl
국수 *guksu*	Nudeln	계란 *gyeran*	Ei

Mengenangaben 단위 *danwi*

개 *gae*	Stück	리터 *riteo*	Liter
마리 *mari*	Zahlwort für Tiere	봉지 *bongji*	Päckchen
병 *byeong*	Flasche	스푼 *seupun*	Löffel
장 *jang*	Scheibe, Blatt	(킬로)그램 *(killo)geuraem*	(Kilo)gramm
잔 *jan*	Tasse	칼로리 *kallori*	Kalorien
그릇 *geureut*	Schüssel, Schale		

1 Hier sehen Sie einen Einkaufszettel. Übersetzen Sie ihn ins Koreanische.

1. Zucker
2. Reis (ungekocht)
3. Zwiebel
4. Milch
5. Chinakohl
6. Käse
7. Mehl

1. ____________________
2. ____________________
3. ____________________
4. ____________________
5. ____________________
6. ____________________
7. ____________________

2 Das ist ein Rezept für 김치 *gimchi*, eines der beliebtesten Nationalgerichte Koreas. Ergänzen Sie die fehlenden Wörter im Rezept.

액젓 배추 무 새우젓 마늘 고춧가루 소금 생강

Chinakohl (3-4 Stück) 6 Kg	____________ (3–4개) 6킬로그램
Rettich (1-2 Stück) 1 Kg	____________ (1–2개) 1킬로그램
Salz 600 g	____________ 600그램
Fischsauce 5 Löffel	____________ 5스푼
eingelegte Shrimps 2 Löffel	____________ 2스푼
Chilipulver 15 Löffel	____________ 15스푼
Knoblauch 10 Löffel	____________ 10스푼
Ingwer 4 Löffel	____________ 4스푼

Wie geht es weiter? Der Chinakohl wird der Länge nach in Viertel geschnitten. In einer großen Schüssel wird eine Salzlauge von 8-10 % vorbereitet. Der Chinakohl wird völlig von der Lauge bedeckt. Diese wird mit etwas Salz bestreut. 12-16 Stunden stehen lassen. Danach wird der Chinakohl unter klarem Wasser zweimal gewaschen. In einer großen Schüssel werden nun die Gewürze vorbereitet. Die Fischsauce, die Shrimps, das Chilipulver, der zerdrückte Knoblauch und der gehackte Ingwer werden vermischt. Je nach Geschmack Klebereis-/Weizenmehlbrei, Lauch, Zwiebeln, Möhren oder Muscheln hinzufügen. Die Gewürzmischung sorgfältig zwischen den einzelnen Blättern des Chinakohls verteilen. Mit dem äußeren Blatt umwickelt man das Ganze.
Nun kann man 김치 [*gimchi*] essen. „맛있게 드세요!“ [*masitge deuseyo*] (Guten Appetit!)

3 Was passt nicht in die Reihe? Markieren Sie.

1. 쇠고기 - 오리고기 - 돼지고기 - 요구르트
2. 배추 - 우유 - 감자 - 마늘 - 당근
3. 소금 - 우유 - 버터 - 마가린 - 생크림
4. 병 - 잔 - 그릇 - 국수 - 스푼
5. 식초 - 간장 - 고춧가루 - 쌀

Kleidung / Farben

Kleidungsstücke 의류 *uiryu*

속옷 *sogot*	Unterwäsche	티셔츠 *tisyeocheu*	T-Shirt
신발 *sinbal*	Schuhe	와이셔츠 *waisyeocheu*	Hemd
구두 *gudu*	Lederschuhe	스웨터 *seuweteo*	Pullover
운동화 *undonghwa*	Sportschuhe	코트 *koteu*	Mantel
블라우스 *beullauseu*	Bluse	스커트 *seukeoteu*	Rock
바지 *baji*	Hose	넥타이 *nektai*	Krawatte
모자 *moja*	Mütze	재킷 *jaekit*	Jacke
양말 *yangmal*	Socken	우비 *ubi*	Regenjacke
스타킹 *seutaking*	Strümpfe	양복 *yangbok*	Anzug

Größe 치수 *chisu*

크다 *keuda*	groß	작다 *jakda*	klein
길다 *gilda*	lang	짧다 *jjalda*	kurz
넓다 *neolda*	weit	좁다 *jopda*	eng

Stil 스타일 *seutail*

우아하다 *uahada*	elegant	멋있다 *meositda*	chic
현대적이다 *hyeondaejeogida*	modisch	스포티하다 *seupotihada*	sportlich

Farben und Muster 색과 무늬 *saekgwa munui*

하얀색 *hayansaek*	weiß	회색 *hoesaek*	grau
노란색 *noransaek*	gelb	빨간색 *ppalgansaek*	rot
검정색 *geomjeongsaek*	schwarz	갈색 *galsaek*	braun
파란색 *paransaek*	blau	녹색 *noksaek*	grün
분홍색 *bunhongsaek*	rosa	보라색 *borasaek*	violett
어두운 *eoduun*	dunkel	밝은 *balgeun*	hell
단색의 *dansaegui*	einfarbig	다양한 색의 *dayanghan saegui*	bunt
격자무늬의 *gyeokjamunuiui*	kariert	물방울무늬의 *mulbangulmunuiui*	gepunktet

Verben

신다 *sinda*	anziehen (Schuhe, Socken)	벗다 *beotda*	ausziehen (Schuhe, Socken)
입다 *ipda*	sich anziehen	벗다 *beotda*	sich ausziehen
쓰다 *sseuda*	aufsetzen (Brille, Mütze)	벗다 *beotda*	absetzen (Brille, Mütze)
매다 *maeda*	binden (Krawatte)	풀다 *pulda*	abbinden (Krawatte)
입고 있다 *ipgo itda*	tragen	입어 보다 *ibeo boda*	anprobieren
맞다 *matda*	passen	안 맞다 *an matda*	nicht passen

1 Lesen Sie die Umschreibungen. Welche Kleidungsstücke sind gemeint? Die Anzahl der Kästchen hilft Ihnen.

1. „Kleidungsstücke" für die Füße. ☐☐
2. Das ziehen Frauen an, es kann „mini" sein. ☐☐☐
3. Vor langer Zeit durften sie nur Männer anziehen. ☐☐
4. Das tragen manche Männer im Büro. ☐☐☐
5. Das trägt man auf dem Kopf. ☐☐
6. Das zieht man an, wenn es kalt ist. ☐☐

2 Welche Wörter gehören zu welcher Kategorie? Schreiben Sie die vorgegebenen Wörter in die passende Spalte.

크다　우아하다　작다　파란색　멋있다　빨간색
녹색　좁다　스포티하다　갈색　길다　현대적이다

색	스타일	치수

3 Wie heißen diese Farben auf Koreanisch? Ordnen Sie zu.

1. schwarz
2. rot
3. blau
4. gelb
5. grün
6. weiß
7. grau

A 녹색
B 하얀색
C 노란색
D 회색
E 검정색
F 파란색
G 빨간색

4 Schreiben Sie hinter diese Wörter ihren Gegensatz z.B. 넓다 - 좁다 (weit - eng).

1. 맞다 - ______
2. 좁다 - ______
3. 풀다 - ______
4. 크다 - ______
5. 입다 - ______
6. 길다 - ______
7. 쓰다 - ______

Wohnen

Wohnort 거주지 *geojuji*

호텔 *hotel*	Hotel	일층 집 *ilcheung jip*	einstöckiges Haus
집 *jip*	Haus	이층 집 *icheung jip*	zweistöckiges Haus
주택 *jutaek*	Eigenheim	아파트 *apateu*	Apartment
전세 *jeonse*	Kaution	월세 *wolse*	monatliche Miete
원룸 *wonrum*	Einzimmerwohnung	투룸 *turum*	Zweizimmerwohnung

In einem Gebäude 건물 안에 *geonmul ane*

주택 *jutaek*	Wohnung	차고 *chago*	Garage
층 *cheung*	Etage	계단 *gyedan*	Treppenhaus
일 층 *il cheung*	1. Etage	엘리베이터 *ellibeiteo*	Aufzug
이 층 *i cheung*	2. Etage	에스컬레이터 *eseukeolleiteo*	Rolltreppe
방 *bang*	Zimmer	지하실 *jihasil*	Keller

Zimmer 방 *bang*

발코니 *balkoni*	Balkon	화장실 *hwajangsil*	Toilette
작업실 *jageopsil*	Arbeitszimmer	아이 방 *ai bang*	Kinderzimmer
침실 *chimsil*	Schlafzimmer	부엌 *bueok*	Küche
거실 *geosil*	Wohnzimmer	욕실 *yoksil*	Badezimmer

In einem Zimmer 방 안에 *bang ane*

문 *mun*	Tür	창문 *changmun*	Fenster
바닥 *badak*	Boden	천장 *cheonjang*	Decke
구석 *guseok*	Ecke	벽 *byeok*	Wand
온돌 *ondol*	Fußbodenheizung	소켓 *soket*	Steckdose

Wohnungseinrichtung 주거시설 *jugeosiseol*

샤워 *syawo*	Dusche	목욕 *mogyok*	Bad
가구 *gagu*	Möbel	욕조 *yokjo*	Badewanne
안락의자 *allaguija*	Sessel	소파 *sopa*	Sofa
의자 *uija*	Stuhl	옷장 *otjang*	Kleiderschrank
컴퓨터 *keompyuteo*	Computer	찬장 *chanjang*	Küchenschrank
전등 *jeondeung*	Lampe	책상 *chaeksang*	Schreibtisch
책장 *chaekjang*	Bücherregal	식탁 *siktak*	Esstisch
침대 *chimdae*	Bett	냉장고 *naengjanggo*	Kühlschrank
이불 *ibul*	Decke	텔레비전 *tellebijeon*	Fernseher
그림 *geurim*	Bild	커튼 *keoteun*	Vorhang
세면대 *semyeondae*	Waschbecken	거울 *geoul*	Spiegel
방석 *bangseok*	Sitzkissen	세탁기 *setakgi*	Waschmaschine

Wenn man in Korea eine Wohnung bzw. ein Zimmer mietet, gibt es zwei verschiedene Zahlungsweisen: 전세 [*jeonse*] (Kaution) und 월세 [*wolse*] (Miete). Wenn man für einen bestimmten Zeitraum einen Mietvertrag abschließt, kann man statt der monatlichen Miete einmal eine hohe Kaution bezahlen.
Für Studierende und Singles werden Einzimmerwohnungen 원룸 [*wonrum*] oder Zweizimmerwohnungen 투룸 [*turum*] besonders in den Universitätsvierteln angeboten.

1 Welche Einrichtungsgegenstände können Sie normalerweise in einem Hotelzimmer finden? Vervollständigen Sie das Wortnetz.

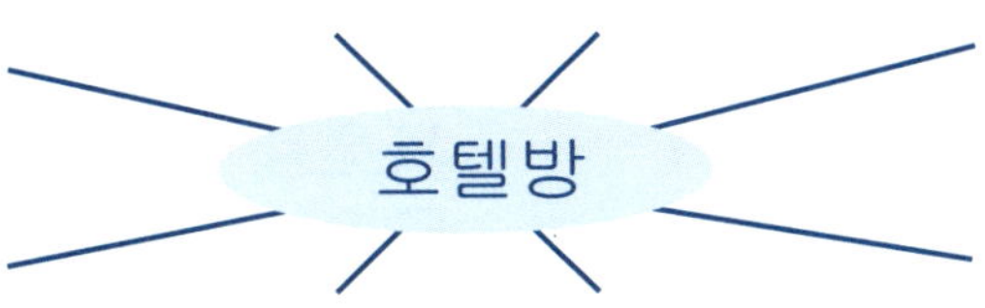

2 Wie heißen diese Zimmer bzw. Räume?

1. Das Zimmer, in dem Sie schlafen, heißt ______________________
2. Das Zimmer, in dem Sie kochen, heißt ______________________
3. Der Raum, in dem Sie ein Auto abstellen, heißt ______________________
4. Das Zimmer, in dem Sie sich waschen, heißt ______________________
5. Das Zimmer, in dem Ihre Kinder wohnen, heißt ______________________
6. Das Zimmer, in dem Sie arbeiten, heißt ______________________

3 Füllen Sie die Lücken in dieser Wohnungsbeschreibung aus.

발코니	주택	거실	옷장	침대	작업실	침실	책상	방

1. Unsere Wohnung hat drei Zimmer.	우리 ______에 ______ 3개가 있어요.
2. Das Schlafzimmer ist klein.	________이 작아요.
3. Nur das Bett und der Kleiderschrank passen hinein.	________와 ________만 들어가요.
4. Im Arbeitszimmer steht ein großer Schreibtisch.	________에 큰 ______이 있어요.
5. Das Wohnzimmer hat einen Balkon.	________ 에 ________가 있어요.

4 Was passt nicht in die Reihe? Markieren Sie.

1. 침실 - 화장실 - 부엌 - 창문
2. 화장실 - 옷장 - 텔레비전 - 냉장고
3. 침대 - 호텔 - 집 - 아파트
4. 소파 - 의자 - 안락의자 - 이불
5. 온돌 - 엘리베이터 - 계단 - 에스컬레이터

Verkehr

Allgemein 일반 *ilban*

교통 *gyotong*	Verkehr	사거리 *sageori*	Kreuzung
벌금 *beolgeum*	Strafe	주차장 *juchajang*	Parkplatz
티켓 *tiket*	Ticket	정류장 *jeongnyujang*	Haltestelle
표 *pyo*	Fahrschein	교통표지판 *gyotongpyojipan*	Verkehrsschild
교통체증 *gyotongchejeung*	Stau	신호등 *sinhodeung*	Ampel
횡단보도 *hoengdanbodo*	Zebrastreifen	교통사고 *gyotongsago*	Verkehrsunfall

Straßen 길 *gil*

고속도로 *gosokdoro*	Autobahn	지름길 *jireumgil*	Schnellstraße
길 *gil*	Weg	우회로 *uhoero*	Umleitung
거리 *geori*	Straße	골목 *golmok*	Gasse
일방통행로 *ilbangtonghaengno*	Einbahnstraße		

Bahnhöfe 역 *yeok*

버스터미널 *beoseuteomineol*	Busbahnhof	항구 *hanggu*	Hafen
기차역 *gichayeok*	Bahnhof	공항 *gonghang*	Flughafen

Verkehrsmittel 교통수단 *gyotongsudan*

버스 *beoseu*	Bus	비행기 *bihaenggi*	Flugzeug
자동차 *jadongcha*	Auto	지하철 *jihacheol*	U-Bahn
차 *cha*	Auto (ugs.)	택시 *taeksi*	Taxi
자전거 *jajeongeo*	Fahrrad	기차 *gicha*	Zug
배 *bae*	Schiff	오토바이 *otobai*	Motorrad

Verkehrsteilnehmer 이용자 *iyongja*

운전사 *unjeonsa*	Fahrer	교통경찰 *gyotonggyeongchal*	Verkehrspolizist
승객 *seunggaek*	Passagier	보행자 *bohaengja*	Fußgänger

Verben

타다 *tada*	fahren	멈추다 *meomchuda*	anhalten
도착하다 *dochakada*	ankommen	건너다 *geonneoda*	überqueren
떠나다 *tteonada*	wegfahren	갈아타다 *garatada*	umsteigen
출발하다 *chulbarhada*	losfahren	내리다 *naerida*	aussteigen aus
들어가다 *deureogada*	hereingehen	타다 *tada*	einsteigen in
서다 *seoda*	stehen	나가다 *nagada*	herausgehen
방향을 바꾸다 *banghyangeul bakkuda*	abbiegen	차를 주차하다 *chareul juchahada*	ein Auto parken
운전하다 *unjeonhada*	Auto fahren	택시를 부르다 *taeksireul bureuda*	ein Taxi rufen

1 Sie fahren mit dem Bus. Welches koreanische Wort würden Sie für das jeweilige deutsche Wort in Klammern benutzen? Ergänzen Sie.

벌금	정류장	멈추다	운전사	내리다	표	타다

1. Bevor man losfährt, kauft man eine (Fahrkarte) ____________________, sonst muss man eine (Strafe) ____________ zahlen.
2. Dann wartet man an einer (Haltestelle) ____.
3. Wenn der Bus ankommt, kann man (einsteigen) ________________________________.
4. Oft muss man das Ticket (dem Fahrer) _________________________________ zeigen.
5. Wenn der Bus an der gewünschten Haltestelle (anhält) ____________________, darf man (aussteigen) _____________________.

2 Kreuzen Sie an.

1. Wo startet eine Flugreise?
   A ☐ 버스터미널
   B ☐ 공항
   C ☐ 기차역

2. Wo parken Sie ein Auto?
   A ☐ 횡단보도
   B ☐ 사거리
   C ☐ 주차장

3. Wer fährt einen Bus?
   A ☐ 승객
   B ☐ 교통경찰
   C ☐ 버스운전사

4. Was tun Sie an einer roten Ampel?
   A ☐ 타다
   B ☐ 멈추다
   C ☐ 방향을 바꾸다

3 Welches ist das schnellste Verkehrsmittel und welches das langsamste? Nummerieren Sie.

☐ 차 ☐ 자전거 ☐ 비행기 ☐ 기차 ☐ 버스

4 Welche Substantive können mit welchem Verb sinngemäß kombiniert werden? Benutzen Sie jedes Verb nur einmal.

1. 택시
2. 비행기
3. 주차장
4. 횡단보도

A 주차하다
B 타다
C 건너다
D 부르다

Wortschatz

Körper / Hygiene / Gesundheit

Körper 몸 *mom*

눈 *nun*	Augen	코 *ko*	Nase
눈썹 *nunsseop*	Augenbrauen	피부 *pibu*	Haut
귀 *gwi*	Ohren	어깨 *eokkae*	Schultern
입 *ip*	Mund	이 *i*	Zähne
발 *bal*	Füße	발가락 *balgarak*	Zeh
허리 *heori*	Rücken	배 *bae*	Bauch
손바닥 *sonbadak*	Handflächen	손가락 *songarak*	Finger
머리 *meori*	Kopf	손 *son*	Hände
목 *mok*	Hals	머리카락 *meorikarak*	Haare
다리 *dari*	Beine	팔 *pal*	Arme
가슴 *gaseum*	Brust	엉덩이 *eongdeongi*	Hintern
입술 *ipsul*	Lippen	얼굴 *eolgul*	Gesicht

Körperpflege 신체 위생 *sinchewisaeng*

샤워하다 *syawohada*	duschen	샤워크림 *syawokeurim*	Duschgel
씻다 *ssitda*	sich waschen	샴푸 *syampu*	Shampoo
면도하다 *myeondohada*	sich rasieren	린스 *rinseu*	Haarspülung
물기를 닦다 *mulgireul dakda*	sich abtrocknen	비누 *binu*	Seife
머리를 감다 *meorireul gamda*	Haare waschen	면도기 *myeondogi*	Rasierapparat
머리를 빗다 *meorireul bitda*	sich kämmen	수건 *sugeon*	Handtuch
크림을 바르다 *keurimeul bareuda*	eincremen	머리 빗 *meori bit*	Kamm
이를 닦다 *ireul dakda*	Zähne putzen	크림 *keurim*	Creme
목욕하다 *mogyokada*	baden	치약 *chiyak*	Zahnpasta
세수하다 *sesuhada*	Gesicht waschen	칫솔 *chissol*	Zahnbürste
		스프레이 *seupeurei*	Spray

Gesundheit 건강 *geongang*

아프다 *apeuda*	krank sein	열이 있다 *yeori itda*	Fieber haben
건강하다 *geonganghada*	gesund sein	설사를 하다 *seolsareul hada*	Durchfall haben
약 *yak*	Medizin	알약 *allyak*	Tablette
물약 *mullyak*	Tropfen	복용하다 *bogyonghada*	einnehmen
땀이 나다 *ttami nada*	schwitzen	고통 *gotong*	Schmerz
감기 *gamgi*	Erkältung	변비 *byeonbi*	Verstopfung
화상을 입다 *hwasangeul ipda*	sich verbrennen	구토하다 *gutohada*	sich übergeben / erbrechen

1 Wenn Ihnen etwas weh tut, nennen Sie das entsprechende Körperteil und hängen 아파요 an. Vervollständigen Sie die Sätze.

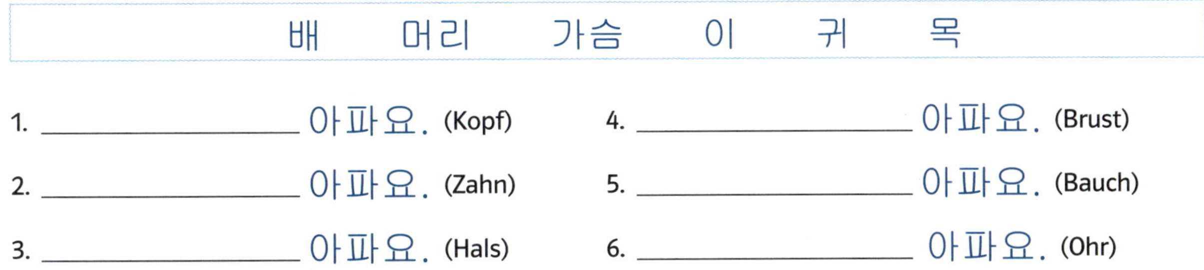

배 머리 가슴 이 귀 목

1. ________________ 아파요. (Kopf)
2. ________________ 아파요. (Zahn)
3. ________________ 아파요. (Hals)
4. ________________ 아파요. (Brust)
5. ________________ 아파요. (Bauch)
6. ________________ 아파요. (Ohr)

2 Welche dieser Körperteile gehören zum Gesicht (얼굴) und welche zum übrigen Körper (몸)?

발 어깨 눈 코 입 손가락 다리 이 팔

얼굴	몸

3 Welche Körperteile kommen nacheinander, wenn man den menschlichen Körper von oben nach unten betrachtet? Sortieren Sie von 1. bis 8.

배 눈 어깨 머리카락 목 다리 가슴 발

1. ________________
2. ________________
3. ________________
4. ________________
5. ________________
6. ________________
7. ________________
8. ________________

4 Welche Artikel der Körperhygiene benutzt man wofür? Verbinden Sie.

1. 이를 닦다
2. 세수하다
3. 물기를 닦다
4. 면도하다
5. 머리를 빗다
6. 샤워하다
7. 머리를 감다

A 샤워크림
B 면도기
C 머리 빗
D 샴푸
E 칫솔
F 비누
G 수건

Verbenmix

Gefühle 감정 *gamjeong*

사랑하다 *saranghada*	lieben	좋아하다 *joahada*	mögen
미워하다 *miwohada*	hassen	느끼다 *neukkida*	fühlen

Sinne 감각 *gamgak*

듣다 *deutda*	hören	보다 *boda*	sehen
경청하다 *gyeongcheonghada*	zuhören	바라보다 *baraboda*	schauen
만지다 *manjida*	anfassen	냄새 나다 *naemsae nada*	riechen

Alltagsaktivitäten 일상생활 *ilsangsaenghwal*

일하다 *irhada*	arbeiten	일어나다 *ireonada*	aufstehen
쉬다 *swida*	sich ausruhen	자다 *jada*	schlafen

Bewegung 동작 *dongjak*

오다 *oda*	herkommen	들다 *deulda*	tragen
뛰다 *ttwida*	laufen	앉아 있다 *anja itda*	sitzen
가다 *gada*	gehen	앉다 *anda*	sich setzen
눕다 *nupda*	sich hinlegen	일어나다 *ireonada*	aufstehen

Sprache 말 *mal*

대답하다 *daedapada*	antworten	말하다 *marhada*	sprechen, sagen
부르다 *bureuda*	rufen	설명하다 *seolmyeonghada*	erklären
물어보다 *mureoboda*	fragen	침묵하다 *chimmukada*	schweigen

Geistige Aktivitäten 사고 *sago*

생각하다 *saenggakada*	denken	쓰다 *sseuda*	schreiben
의미하다 *uimihada*	meinen	읽다 *ikda*	lesen
공부하다 *gongbuhada*	lernen	이해하다 *ihaehada*	verstehen
모르다 *moreuda*	nicht wissen	알다 *alda*	wissen
잊어버리다 *ijeobeorida*	vergessen		

Gemischt 기타 *gita*

이다 *ida*	sein	아니다 *anida*	nicht sein
살다 *salda*	leben, wohnen	… 고 싶다 *go sipda*	wollen, möchten
이사하다 *isahada*	umziehen	… 야 하다 *ya hada*	müssen
도와주다 *dowajuda*	helfen	… (으)ㄹ수 있다 *eul su itda*	können
끝내다 *kkeunnaeda*	beenden	시작하다 *sijakada*	anfangen
찾다 *chatda*	suchen	경험하다 *gyeongheomhada*	erfahren
울다 *ulda*	weinen	웃다 *utda*	lachen

1 Ergänzen Sie die Verben mit der entgegengesetzten Bedeutung.

쉬다 사랑하다 끝내다 모르다
대답하다 눕다 울다 오다

1. 알다 - ____________
2. 물어보다 - ____________
3. 시작하다 - ____________
4. 미워하다 - ____________
5. 일어나다 - ____________
6. 일하다 - ____________
7. 가다 - ____________
8. 웃다 - ____________

2 Falls Sie diese Sätze auf Koreanisch formulieren müssten, welches Verb würden Sie nehmen? Ordnen Sie die Infinitive zu.

이해하다 가다 도와주다 일하다 하다 보다 사랑하다 찾다

1. Andreas *liebt* seine Frau. ____________
2. Susanne *hilft* ihrer Mutter. ____________
3. Karin *sucht* ihren neuen Rock. ____________
4. Thomas *arbeitet* den ganzen Tag lang. ____________
5. Ich *sehe* dich. ____________
6. Wo *gehst* du hin? ____________
7. Ich *verstehe* dich gut. ____________
8. Was *machst* du gerade? ____________

3 Finden Sie die folgende Verben im Suchgitter: arbeiten, fragen, suchen, sitzen, laufen, meinen, schauen, schweigen, sich ausruhen, sich setzen, wissen, sein, machen / tun – natürlich auf Koreanisch. Alle Suchrichtungen sind möglich!

마	전	의	도	졸	입	갈	아	보	먹	밥	어	물	알	이	다
다	사	람	좋	독	보	벗	다	안	꽃	있	하	수	버	지	아
일	다	다	주	아	하	수	김	쉬	안	보	좋	다	앉	자	찾
뛰	달	아	스	사	물	문	화	의	먹	일	바	라	보	다	도
지	저	숙	달	랑	어	저	미	속	좋	아	하	다	이	지	은
앉	으	며	하	뛰	보	하	해	작	마	지	일	다	르	보	하
주	아	뛰	일	알	다	하	묵	침	다	이	말	미	의	이	지
앉	찾	있	고	쉬	다	쉬	소	시	오	헤	쉬	주	문	기	일
피	만	하	다	가	주	학	구	다	좋	이	찾	도	며	도	먹

Partikel: Nominativ / Akkusativ

Nomen / Partikel

Nomen werden in einem Satz als Subjekt oder Objekt verwendet. Im Koreanischen fügt man direkt hinter dem Nomen Partikel an, um den Kasus zu bilden. Dabei kann es wie in diesem Kapitel bei Nominativ und Akkusativ eine Rolle spielen, ob das Nomen auf einen Vokal (Nvok) oder einen Konsonanten (Nkons) endet.

Nominativ-Partikel 이/가

Das Subjekt oder der Nominativ wird gebildet, indem an das Nomen 이/가 angehängt wird.

Nomen mit vokalischem Auslaut (Nvok) + 가

Nvok	Nvok + 가			
친구	친구 + 가	친구가	*chinguga*	der Freund
아이	아이 + 가	아이가	*aiga*	das Kind

Nomen mit konsonantischem Auslaut (Nkon) + 이

Nkons	Nkon + 이			
학생	학생 + 이	학생이	*haksaengi*	der Schüler
사람	사람 + 이	사람이	*sarami*	der Mensch

가

친구가 와요. Der / ein Freund kommt.
chinguga wayo

날씨가 좋아요 Das Wetter ist gut.
nalssiga joayo

이

한국사람이 가요 Der / ein Koreaner geht.
hanguksarami gayo

눈이 와요. Es schneit. (wörtl.: Der Schnee kommt.)
nuni wayo

Akkusativ-Partikel 을/를

Das Objekt oder der Akkusativ wird gebildet, indem an das Nomen 을/를 angehängt wird.

Nomen mit vokalischem Auslaut (Nvok) + 를

Nvok	Nvok + 를			
친구	친구 + 를	친구를	*chingureul*	den Freund
김치	김치 + 를	김치를	*gimchireul*	das Gimchi

Nomen mit konsonantischem Auslaut (Nkon) + 을

Nkons	Nkon + 을			
물	물 + 을	물을	*mureul*	das Wasser
가방	가방 + 을	가방을	*gabangeul*	die Tasche

를

영화를 봐요. Ich sehe einen Film.
yeonghwareul bwayo

친구를 만납니다. Ich treffe einen Freund.
chingureul mannamnida

을

밥을 먹어요. Ich esse Reis.
babeul meogeoyo

음악을 듣습니다. Ich höre Musik.
eumageul deutseumnida

1 Bilden Sie einen Satz.

1. 친구 (Freund)
2. 물 (Wasser)
3. 김치 (Gimchi)
4. 서울 (Seoul)
5. 쇼핑 (Shopping)
6. 편지 (Brief)
7. 텔레비전 (Fernseher)

A 이
B 가
C 을
D 를

a 봐요. (sehen)
b 만나요. (treffen)
c 맛있어요. (gut schmecken)
d 써요. (schreiben)
e 사요. (kaufen)
f 해요. (machen)
g 커요. (groß sein)

2 Finden Sie im Satz die Partikeln und markieren Sie sie bitte.

z.B.: 맥주(를) 마셔요.

1. 갈비가 맛있지만 비싸요.	Galbi ist lecker, aber teuer.
2. 친구가 옵니다.	Der Freund kommt.
3. 커피를 많이 마셔요.	Ich trinke viel Kaffee.
4. 음악을 듣습니다.	Ich höre Musik.
5. 토마스가 한국어를 잘 합니다.	Thomas spricht gut Koreanisch.
6. 비가 와요.	Es regnet. (wörtl.: Der Regen kommt.)
7. 텔레비전을 봐요.	Ich sehe fern.
8. 바나나가 싸요.	Bananen sind billig.
9. 편지를 써요.	Ich schreibe einen Brief.
10. 날씨가 좋아요.	Das Wetter ist gut.

3 Ergänzen Sie mit den angegebenen Partikeln.

이 가 을 를

1. 비__________ 와요.	Regen kommt. (Es regnet.)
2. 바나나__________ 사요.	Ich kaufe Bananen.
3. 한국어__________ 재미있어요.	Koreanisch ist interessant.
4. 친구__________ 갈비__________ 좋아해요.	Der Freund mag Galbi.
5. 우유__________마셔요.	Ich trinke Milch.
6. 빵__________ 비싸요.	Das Brot ist teuer.
7. 토마스__________ 노래 __________해요.	Thomas singt ein Lied.
8. 머리__________ 아파요.	Der Kopf tut weh.
9. 한국__________ 좋아요.	Korea ist gut.
10. 선생님__________ 차 __________ 마셔요.	Der Lehrer trinkt Tee.

Partikel: Themapartikel / Partikel für „und"

Themapartikel 은/는

Die Partikel 은/는 [*eun/neun*] betont meistens ein Subjekt. Sie ersetzt 이/가 und markiert das Thema des Satzes. Ausführlich kann man das mit „Was ... anbelangt" übersetzen. Auch die Akkusativ-Partikel 을/를 kann man zur Betonung durch 은/는 ersetzen.

Nomen mit vokalischem Auslaut (Nvok) + 는

Nvok	Nvok + 는			
친구	친구 + 는	친구는	*chinguneun*	der Freund
아이	아이 + 는	아이는	*aineun*	das Kind

Nomen mit konsonantischem Auslaut (Nkon) + 은

Nkons	Nkon + 은			
학생	학생 + 은	학생은	*haksaengeun*	der Schüler
사람	사람 + 은	사람은	*sarameun*	der Mensch

는

불고기는 먹어요.

bulgogineun meogeoyo

Was Bulgogi anbelangt, esse ich (es).

김치는 안 먹어요.

gimchineun an meogeoyo

Was Gimchi anbelangt, esse ich (es) nicht.

은

한국사람은 밥을 먹어요.

hanguksarameun babeul meogeoyo

Was Koreaner anbelangt, essen sie Reis.

독일사람은 빵을 먹어요.

dogilsarameun ppangeul meogeoyo

Was Deutsche anbelangt, essen sie Brot.

Partikel „und" 와/과

Die Partikel 와/과 [*wa/gwa*] verknüpft in der Schriftsprache zwei oder mehrere Nomen und wird als „und" übersetzt. An vokalisch auslautende Nomen wird 와 und an konsonantisch auslautende Nomen 과 angehängt. In der gesprochenen Sprache wird unabhängig vom vokalischen oder konsonantischen Auslaut die Partikel 하고 [*hago*] verwendet.

Nomen mit vokalischem Auslaut (Nvok) + 와

Nvok	Nvok + 와			
친구	친구 + 와	친구와	*chinguwa*	der Freund und
아이	이이 + 와	아이와	*aiwa*	das Kind und

Nomen mit konsonantischem Auslaut (Nkon) + 과

Nkons	Nkon + 과			
학생	학생 + 과	학생과	*haksaenggwa*	der Schüler und
사람	사람 + 과	사람과	*saramgwa*	der Mensch und

와

사과와 바나나가 있어요.

sagwawa bananaga isseoyo

Es gibt Äpfel und Bananen.

김치와 불고기를 좋아해요.

gimchiwa bulgogireul joahaeyo

Ich mag Gimchi und Bulgogi.

과

부산과 대구에 갑니다.

busangwa daegue gamnida

Ich fahre nach Busan und Daegu.

빵과 우유를 삽니다.

ppanggwa uyureul samnida

Ich kaufe Brot und Milch.

1 Was ist falsch?

1. Der Freund wohnt in Seoul.
   - A ☐ 친구는 서울에 살아요.
   - B ☐ 친구가 서울에 살아요.
   - C ☐ 친구이 서울에 살아요.

2. Bananen und Äpfel sind billig.
   - A ☐ 바나나하고 사과는 싸요.
   - B ☐ 바나나과 사과를 싸요.
   - C ☐ 바나나와 사과가 싸요.

3. Ich esse Brot und Käse nicht.
   - A ☐ 빵과 치즈는 안 먹어요.
   - B ☐ 빵하고 치즈를 안 먹어요.
   - C ☐ 빵하고 치즈은 안 먹어요.

4. Ich habe keine Zeit.
   - A ☐ 시간과 있어요.
   - B ☐ 시간은 없어요.
   - C ☐ 시간이 없어요.

5. Ich mag Kaffee nicht.
   - A ☐ 커피는 안 좋아해요.
   - B ☐ 커피를 안 좋아해요.
   - C ☐ 커피과 안 좋아해요.

2. Setzen Sie die passenden Partikeln ein.

은/는 와/과

1. 저________ 한국사람입니다. Ich bin Koreaner.
2. 치즈________ 안 좋아해요. Ich mag Käse nicht.
3. 커피________ 콜라________ 안 마셔요. Ich trinke keinen Kaffee und keine Cola.
4. 꽃________ 사고 책________ 안 샀어요. Ich kaufte Blumen, aber kein Buch.
5. 친구________ 저________ 공부해요. Mein Freund und ich lernen.
6. 과일________ 비싸요. 바나나________ 싸요. Obst ist teuer. Bananen sind billig.
7. 여자________ 있어요. 남자________ 없어요. Frauen sind da. Männer sind nicht da.
8. 비빔밥________ 갈비________ 맛있어요. Bibimbap und Galbi schmecken gut.
9. 서울________ 부산________ 커요. Seoul und Busan sind groß.
10. 축구________ 좋아해요. Ich mag Fußball.

Partikel: „auch“ / „nur“

Partikel 도

Die Partikel 도 [*do*] wird an Nomen angehängt und bedeutet „auch“. (이/가, 은/는, 을/를 fallen weg).

Nomen + 도

N	N + 도			
친구	친구 + 도	친구도	*chingudo*	der Freund auch
아이	아이 + 도	아이도	*aido*	das Kind auch
학생	학생 + 도	학생도	*haksaengdo*	der Schüler auch
사람	사람 + 도	사람도	*saramdo*	der Mensch auch

친구가 김치를 먹어요.
chinguga gimchireul meogeoyo
Der Freund isst Gimchi.

저도 김치를 먹어요.
jeodo gimchireul meogeoyo
Auch ich esse Gimchi.

서울은 커요.
seoureun keoyo
Seoul ist groß.

베를린도 커요.
bereulindo keoyo
Berlin ist auch groß.

김치를 좋아합니다.
gimchireul joahamnida
Ich mag Gimchi.

불고기도 좋아합니다.
bulgogido joahamnida
Ich mag auch Bulgogi.

카메라를 사고 싶어요.
kamerareul sago sipeoyo
Ich möchte eine Kamera kaufen.

책도 사고 싶어요.
chaekdo sago sipeoyo
Ich möchte auch ein Buch kaufen.

Partikel 만

Die Partikel 만 [*man*] wird an Nomen angehängt und bedeutet „nur“. (이/가 und 을/를 fallen weg).

Nomen + 만

N	N + 만			
친구	친구 + 만	친구만	*chinguman*	der Freund nur
아이	아이 + 만	아이만	*aiman*	das Kind nur
학생	학생 + 만	학생만	*haksaengman*	der Schüler nur
사람	사람 + 만	사람만	*saramman*	der Mensch nur

친구가 김치를 먹어요.
chinguga gimchireul meogeoyo
Der Freund isst Gimchi.

친구만 김치를 먹어요.
chinguman gimchireul meogeoyo
Nur der Freund isst Gimchi.

서울은 커요.
seoureun keoyo
Seoul ist groß.

서울만 커요.
seoulman keoyo
Nur Seoul ist groß.

불고기를 좋아합니다.
bulgogireul joahamnida
Ich mag Bulgogi.

불고기만 좋아합니다.
bulgogiman joahamnida
Ich mag nur Bulgogi.

커피를 마셔요.
keopireul masyeoyo
Ich trinke Kaffee.

커피만 마셔요.
keopiman masyeoyo
Ich trinke nur Kaffee.

1 Ergänzen Sie entweder mit 도 oder 만.

1. 친구가 책을 사요. 저__________ 사요.
   Der Freund kauft ein Buch. Ich kaufe auch eines.
2. 일본어하고 중국어는 안 배워요. 한국어__________ 배워요.
   Ich lerne nicht Japanisch und Chinesisch. Ich lerne nur Koreanisch.
3. 주말에 쇼핑을 해요. 운동__________ 해요.
   Am Wochenende kaufe ich ein. Ich mache auch Sport.
4. 편지는 안 써요. 전화__________ 해요.
   Ich schreibe keinen Brief. Ich telefoniere nur.
5. 봄이 좋아요. 가을__________ 좋아요.
   Der Frühling ist schön. Der Herbst ist auch schön.
6. 모두 한국사람이에요. 저__________ 독일사람이에요.
   Alle sind Koreaner. Nur ich bin Deutscher.
7. 김치를 좋아해요. 갈비__________ 좋아해요.
   Ich mag Gimchi. Ich mag auch Galbi.

2 Ergänzen Sie bitte den Dialog. Zum Beispiel:

F: 차를 마셔요?
Trinken Sie Tee?
A: 네, 마셔요.
Ja, ich trinke Tee.
F: 커피도 마셔요?
Trinken Sie auch Kaffee?
A: 아니요, 차만 마셔요.
Nein, ich trinke nur Tee.

1. F: 오늘 친구를 만나요?
   Treffen Sie heute einen Freund?
   A: 네, 만나요.
   Ja, ich treffe ihn.
   F: 선생님_____ 만나요?
   Treffen Sie auch den Lehrer?
   A: 아니요, 친구_____ 만나요.
   Nein, ich treffe nur den Freund.
2. F: 바나나를 샀어요?
   Haben Sie Bananen gekauft?
   A: 네, 샀어요.
   Ja, ich habe sie gekauft.
   F: 키위_____ 샀어요?
   Haben Sie auch Kiwi gekauft?
   A: 아니요, 바나나_____ 샀어요.
   Nein, ich habe nur Bananen gekauft.
3. F: 내일 영화 봐요?
   Sehen Sie sich morgen einen Film an?
   A: 네, 봐요.
   Ja, ich sehe mir einen an.
   F: 운동_____ 해요?
   Machen Sie auch Sport?
   A: 아니요, 영화_____ 봐요.
   Nein, ich sehe mir nur den Film an.
4. F: 맥주를 마셔요?
   Trinken Sie Bier?
   A: 네, 마셔요.
   Ja, trinke ich.
   F: 소주_____ 마셔요?
   Trinken Sie auch Schnaps?
   A: 아니요, 맥주_____ 마셔요.
   Nein, ich trinke nur Bier.
5. F: 수영을 해요?
   Schwimmen Sie?
   A: 네, 해요.
   Ja, ich schwimme.
   F: 축구_____ 해요?
   Spielen Sie auch Fußball?
   A: 아니요, 수영_____ 해요.
   Nein, ich schwimme nur.

Partikel: Genitiv / Dativ

Genitiv- und Possessiv-Partikel

Die Partikel 의 [*ui*] wird an das Nomen angehängt und zeigt Zugehörigkeit oder Besitz an. In der gesprochenen Sprache wird die Partikel 의 meistens weggelassen.

Nomen + 의

Nomen	N + 의			
친구	친구 + 의	친구(의) 책	*chinguui chaek*	das Buch des Freundes
아이	아이 + 의	아이(의) 책	*aiui chaek*	das Buch des Kindes
한국	한국 + 의	한국(의) 날씨	*hangugui nalssi*	das Wetter Koreas
독일	독일 + 의	독일(의) 날씨	*dogirui nalssi*	das Wetter Deutschlands

남한의 수도는 무엇입니까?
namhanui sudoneun mueosimnikka
Was ist die Hauptstadt Südkoreas?

서울입니다.
seourimnida
Es ist Seoul.

누구의 가방입니까?
nuguui gabangimnikka
Wessen Tasche ist das?

친구의 가방입니다.
chinguui gabangimnida
Es ist die Tasche eines Freundes.

직업이 무엇입니까?
jigeobi muoesimnikka
Was sind Sie von Beruf?

제(저의) 직업은 선생입니다.
je jigeobeun seonsaengimnida
Mein Beruf ist Lehrer.

Achtung! 제 [*je*] ist die Verschleifung von 저의 mein(e) 제 동생 mein Bruder
내 [*nae*] ist die Verschleifung von 나의 mein(e) 내 가방 meine Tasche
네 [ne] ist die Verschleifung von 너의 dein(e) 네 책 dein Buch

Dativ-Partikel

Die Partikel 에게/한테 [*ege/hante*] wird an Nomen, die Personen oder Tiere bezeichnen, angehängt und kann auf Deutsch als Dativ „jemandem, an / für jemanden" übersetzt werden. Die Partikel 에게 wird überwiegend im Schriftlichen benutzt, die Partikel 한테 meist in der gesprochenen Sprache, aber die Grenzen zwischen mündlichem und schriftlichem Gebrauch sind fließend. Die beiden Partikel sind daher austauschbar. Die Honorativform der Dativ-Partikel lautet 께 [*kke*].

Beispiele für Nomen + 에게 / 한테

Nomen	N + 에게 / 한테			
친구	친구 + 에게	친구에게	*chinguege*	dem Freund
아이	아이 + 에게	아이에게	*aiege*	dem Kind
사람	사람 + 한테	사람한테	*saramhante*	dem Menschen
학생	학생 + 한테	학생한테	*haksaenghante*	dem Schüler
개	개 + 한테	개한테	*gaehante*	dem Hund
고양이	고양이 + 에게	고양이에게	*goyangiege*	der Katze

Nomen + 께 (Honorativ)

Nomen	N + 께			
아버지	아버지 + 께	아버지께	*abeojikke*	dem Vater
어머니	어머니 + 께	어머니께	*eomeonikke*	der Mutter

1 Ordnen Sie bitte zu.

어머니 Mutter	아버지 Vater	남동생 jüngerer Bruder	언니 ältere Schwester
할머니 Großmutter	선생님 Lehrer	옷 Kleidung	넥타이 Krawatte
가방 Tasche	집 Haus	핸드폰 Handy	시계 Uhr

z.B.: Ich lese (das Buch des Freundes): 친구의 책을 읽어요.

1. (Die Tasche der Mutter) ist nicht da: ______________________이 없어요.
2. Ich kaufe (die Krawatte des Vaters): ______________________를 사요.
3. (Das Handy meiner älteren Schwester) ist teuer: 제 ______________________이 비싸요.
4. Das ist (meines jüngeren Bruders Kleidung): 이것은 제 ______________________이에요.
5. Ich gehe (in Großmutters Haus): ______________________에 가요.
6. (Die Uhr des Lehrers) ist gut: ______________________가 좋아요.

2 Füllen Sie bitte mit 에게/한테, 께 aus.

에게/한테	께

1. 어머니_____ 편지를 써요. Ich schreibe der Mutter einen Brief.
2. 친구_____ 선물을 해요. Ich mache meinem Freund ein Geschenk.
3. 이 옷은 저_____ 너무 커요. Diese Kleidung ist für mich zu groß.
4. 친구_____ 전화해요. Ich rufe für meinen Freund an.
5. 고양이_____ 우유를 줘요. Ich gebe der Katze Milch.
6. 선생님_____ 가요. Ich gehe zum Lehrer.
7. 김치는 독일사람_____ 좀 매워요. Gimchi ist für Deutsche ein bisschen scharf.
8. 개_____ 물을 주세요. Geben Sie dem Hund Wasser.

3 Markieren Sie die richtigen Sätze.

1. Ich schreibe meinem Freund eine E-Mail.
   - A ☐ 친구한테 이메일을 써요.
   - B ☐ 친구께 이메일을 써요.
   - C ☐ 친구의 이메일을 써요.

2. Ich gebe dem Hund Fleisch.
   - A ☐ 개께 고기를 줘요.
   - B ☐ 개한테 고기를 줘요.
   - C ☐ 개와 고기를 줘요.

3. Es ist für die Großmutter klein.
   - A ☐ 할머니가 작아요.
   - B ☐ 할머니의 작아요.
   - C ☐ 할머니께 작아요.

Partikel: Ortsangabe / Zeitangabe

Partikel 에

Die Partikel 에 wird an das Nomen angehängt und funktioniert als Ortsangabe, Richtungsangabe und Zeitangabe.

Ort des Befindens Nomen + 에

Nomen	N + 에			
회사	회사 + 에	회사에	*hoesae*	in der Firma
독일	독일 + 에	독일에	*dogire*	in Deutschland

F: 집이 어디에 있어요? Wo ist das Haus? *jibi eodie isseoyo*
A: 서울에 있어요. Es ist in Seoul. *seoure isseoyo*

Richtungsangabe Nomen + 에

Nomen	N + 에			
서울	서울 + 에	서울에	*seoure*	nach Seoul
베를린	베를린 + 에	베를린에	*bereulline*	nach Berlin

F: 어디에 가요? Wohin gehen Sie? *eodie gayo*
A: 회사에 가요. Ich gehe in die Firma. *hoesae gayo*

Zeitangabe Nomen + 에 (Die Partikel 에 wird nicht an 어제 gestern, 오늘 heute und 내일 morgen angehängt.)

Nomen	N + 에			
아침	아침 + 에	아침에	*achime*	morgens
2024년	2024년 + 에	2024년에	*icheonisipsanyeone*	im Jahr 2024

F: 몇 시에 자요? Wann schlafen Sie? *myeot sie jayo*
A: 열 한시에 자요. Um 11 Uhr schlafe ich. *yeol hansie jayo*

Partikel 에서

Die Partikel 에서 wird an das Nomen angehängt und markiert den Ort der Handlung oder des Ursprungs.

Ort der Handlung Nomen + 에서

Nomen	N + 에서			
회사	회사 + 에서	회사에서	*hoesaeseo*	in der Firma
백화점	백화점 + 에서	백화점에서	*baekwajeomeseo*	im Kaufhaus

F: 어디에서 일해요? Wo arbeiten Sie? *eodieseo irhaeyo*
A: 서울에서 일해요. Ich arbeite in Seoul. *seoureseo irhaeyo*

Ort des Ursprungs Nomen + 에서

Nomen	N + 에서			
한국	한국 + 에서	한국에서	*hangugeseo*	aus Korea
독일	독일 + 에서	독일에서	*dogireseo*	aus Deutschland

F: 어디에서 오셨어요? Woher kommen Sie? *eodieseo osyeosseoyo*
A: 독일에서 왔어요. Ich komme aus Deutschland. *dogireseo wasseoyo*

1 Ergänzen Sie mit 에 oder 에서.

1. 조선호텔이 어디_____ 있어요?
Wo ist das Hotel Joseon?

2. 학교_____ 친구를 만나요.
In der Schule treffe ich einen Freund.

3. 2025년_____ 독일_____ 가요.
Im Jahr 2025 gehe ich nach Deutschland.

4. 저는 부산_____ 왔어요.
Ich komme aus Busan.
(wörtl.: Ich bin aus Busan gekommen)

5. 시장_____ 쇼핑해요.
Auf dem Markt kaufe ich ein.

6. 몇 시_____ 점심을 먹어요?
Um wie viel Uhr essen Sie Mittag?

7. 독일_____ 왔어요?
Kommen Sie aus Deutschland?
(wörtl.: Sind Sie aus Deutschland gekommen?)

8. 어디_____ 가요?
Wohin gehen Sie?

9. 카메라를 어디_____ 사요?
Wo kaufen Sie die Kamera?

10. 한국_____ 친구가 많이 있어요.
In Korea habe ich (wörtl.: gibt es) viele Freunde.

2 Bitte füllen Sie mit 에 oder 에서 aus.

일곱 시1._____ 일어나요. 집2._____ 아침을 먹어요.

Ich stehe um 7 Uhr auf. Zu Hause frühstücke ich.

날씨가 좋아요. 남동생과 함께 북한산3._____ 가요.

Das Wetter ist schön. Mit dem jüngeren Bruder gehe ich auf den Berg Bukhan.

북한산4._____ 사람들이 많이 있어요. 거기5._____ 예쁜 꽃도 봐요.

Auf dem Berg sind viele Menschen. Dort sehe ich auch hübsche Blumen.

점심6._____ 김밥을 먹어요. 아주 맛있어요.

Zu Mittag esse ich Gimbap. Es ist sehr lecker.

저녁 다섯 시7._____ 산8._____ 내려와요. 한국식당9._____ 가요.

Um 5 Uhr abends kommen wir vom Berg herunter. Wir gehen ins koreanische Restaurant.

배가 많이 고파요. 한국식당10._____ 비빔밥을 먹어요.

Ich bin sehr hungrig. Im koreanischen Restaurant esse ich Bibimbap.

저녁 일곱 시11._____ 명동12._____ 친구를 만나요.

Um 7 Uhr abends treffe ich einen Freund in Myeongdong.

친구와 함께 노래방13._____ 가요. 노래방14._____ 노래를 많이 해요.

Mit dem Freund gehe ich ins Noraebang. Im Noraebang singe ich viel.

Das Wort 노래방 Noraebang ist aus 노래 (Lied) und 방 (Zimmer) zusammengesetzt. Es entspricht einem Karaokeraum. Koreaner gehen gern ins Noraebang, um zu singen und sich mit Freunden zu amüsieren.

Komparativ / Superlativ

Komparativ

Der Komparativ wird gebildet, indem an das Objekt, mit dem verglichen wird, 보다 [*boda*] angehängt wird. 보다 entspricht dem deutschen „als". Der Vergleich kann mit einem darauffolgenden 더 [*deo*] verstärkt werden.

Nomen + 보다

버스가 택시보다 빨라요.
beoseuga taeksiboda ppallayo
Der Bus ist schneller als das Taxi.

딸기가 바나나보다 더 비쌉니다.
ttalgiga bananaboda deo bissamnida
Erdbeeren sind teurer als Bananen.

빵보다 밥을 더 좋아해요.
ppangboda babeul deo joahaeyo
Ich mag Reis lieber als Brot.

F: 누가 더 커요?
nuga deo keoyo
Wer ist größer?

A: 저보다 남동생이 더 커요.
jeoboda namdongsaengi deo keoyo
Mein jüngerer Bruder ist größer als ich.

F: 야구를 좋아해요?
yagureul joahaeyo
Mögen Sie Baseball?

A: 야구보다 축구를 더 좋아해요.
yaguboda chukgureul deo joahaeyo
Ich mag Fußball lieber als Baseball.

F: 8월을 좋아해요?
parworeul joahaeyo
Mögen Sie den August?

A: 8월보다 9월을 더 좋아해요.
parwolboda guworeul deo joahaeyo
Ich mag den September lieber als den August.

Superlativ

Der Superlativ wird gebildet, indem man entweder 가장 [*gajang*] oder 제일 [*jeil*] vor dem entsprechenden Verb verwendet.

가장 / 제일 **+ Verb**

김치가 가장 맛있어요.	*gimchiga gajang masisseoyo*	Gimchi schmeckt am besten.
치즈가 제일 비싸요.	*chijeuga jeil bissayo*	Der Käse ist am teuersten.
수영을 제일 좋아해요.	*suyeongeul jeil joahaeyo*	Ich mag Schwimmen am liebsten.

F: 무엇이 가장 빨라요?
mueosi gajang ppallayo
Was ist am schnellsten?

A: 비행기가 가장 빨라요.
bihaenggiga gajang ppallayo
Das Flugzeug ist am schnellsten.

F: 언제 제일 추워요?
eonje jeil chuwoyo
Wann ist es am kältesten?

A: 1월이 제일 추워요.
irwori jeil chuwoyo
Im Januar ist es am kältesten.

F: 누가 제일 작아요?
nuga jeil jagayo
Wer ist am kleinsten?

A: 언니가 제일 작아요.
eonniga jeil jagayo
Meine ältere Schwester ist am kleinsten.

1 Vergleichen Sie die Gegenstände.

택시 Taxi 버스 Bus 비행기 Flugzeug 빨라요 schnell sein
A: Komparativ 택시가 버스보다 빨라요. Das Taxi ist schneller als der Bus
B: Superlativ 비행기가 제일 빨라요. Das Flugzeug ist am schnellsten.

1. 에베레스트 Mt. Everest 알프스 die Alpen 남산 Namsan 높아요 hoch sein

A ______

B ______

2. 중국 China 한국 Korea 독일 Deutschland 큽니다 groß sein

A ______

B ______

3. 7월 Juli 5월 Mai 9월 September 더워요 heiß sein

A ______

B ______

4. 런던 London 베를린 Berlin 서울 Seoul 비쌉니다 teuer sein

A ______

B ______

5. 바나나 Bananen 수박 Wassermelone 딸기 Erdbeeren 작아요 klein sein

A ______

B ______

2 Antworten Sie bitte.

1. 무슨 음식을 제일 좋아해요? (불고기) ______
Welches Essen mögen Sie am liebsten? (Bulgogi)

2. 무슨 음악을 제일 좋아해요? (재즈) ______
Welche Musik mögen Sie am liebsten? (Jazz)

3. 무엇을 가장 사고 싶어요? (집) ______
Was möchten Sie am liebsten kaufen? (Haus)

4. 무엇이 제일 싸요? (옷) ______
Was ist am billigsten? (Kleidung)

5. 누가 제일 예뻐요? (어머니) ______
Wer ist am hübschesten? (Mutter)

Verben: Infinitiv / Formelle Höflichkeit

Infinitiv

Das Verb ist das wichtigste Element der koreanischen Sprache. Es steht immer am Satzende. Ein ganzer Satz kann aus einem einzigen Verb bestehen. Wer oder was das Subjekt ist, erschließt sich oft aus dem Zusammenhang. Im Koreanischen konjugiert man das Verb nicht nach Person oder Anzahl. Die Endung des Verbs verändert sich allerdings nach der Funktion des Verbs (u.a. Aussage, Frage, Imperativ), der Zeitform und dem Grad der Höflichkeit, in dem man mit einer Person spricht.

Die Grundform (Infinitiv) aller koreanischen Verben besteht aus dem Verbstamm und endet auf 다 [*da*], z.B.:
G1 먹 (Verbstamm) + 다 = 먹다 [*meokda*] (essen). Der Verbstamm kann auf einen Konsonanten (Vkons) oder
G4 einen Vokal (Vvok) enden. Diese Unterscheidung spielt bei der Bildung mancher Formen eine Rolle, da unter-
G5 schiedliche Endungen an den Verbstamm angehängt werden.

Die formelle Höflichkeitsform

G11 Es gibt zwei Höflichkeitssprechstufen, die dem deutschen „Sie" entsprechen. Dies sind die formelle und die
G13 informelle Höflichkeitsform. Die formelle Höflichkeit wird älteren, höher gestellten und fremden Personen
gegenüber verwendet.

Bildung der formellen Höflichkeit

Die Aussageform im Präsens bildet man, indem man an den Verbstamm (Vkons) 습니다 [*seumnida*] oder (Vvok) ㅂ니다 [*mnida*] anhängt. Bei Vvok schließt das ㅂ unten an der Verbstammsilbe an.

Vkons	+ 습니다		
먹다 essen	먹습니다	*meokseumnida*	ich esse, er / sie / es isst, wir essen, sie / Sie essen
읽다 lesen	읽습니다	*ikseumnida*	ich lese, er / sie / es liest, wir lesen, sie / Sie lesen
듣다 hören	듣습니다	*deutseumnida*	ich höre, er / sie / es hört, wir hören, sie / Sie hören
작다 klein sein	작습니다	*jakseumnida*	ich bin klein, er / sie / es ist klein, wir sind klein, sie / Sie sind klein

Vvok	+ ㅂ니다		
가다 gehen	갑니다	*gamnida*	ich gehe, er / sie / es geht, wir gehen, sie / Sie gehen
오다 kommen	옵니다	*omnida*	ich komme, er / sie / es kommt, wir kommen, sie / Sie kommen
마시다 trinken	마십니다	*masimnida*	ich trinke, er / sie / es trinkt, wir trinken, sie / Sie trinken
크다 groß sein	큽니다	*keumnida*	ich bin groß, er / sie / es ist groß, wir sind groß, sie / Sie sind groß
Der ㄹ-Auslaut bei Verben wie 살다 wird als Vokalauslaut behandelt und entfällt vor ㅂ.			
살다 wohnen	삽니다	*samnida*	ich wohne, er / sie / es wohnt, wir wohnen, sie / Sie wohnen

1 Wie lautet der Verbstamm der folgenden Verben?

Infinitiv			Verbstamm
먹다	*meokda*	essen	먹
가다	*gada*	gehen	가
1. 치다	*chida*	schlagen	
2. 만나다	*mannada*	treffen	
3. 쓰다	*sseuda*	schreiben	
4. 하다	*hada*	machen	
5. 기다리다	*gidarida*	warten	
6. 적다	*jeokda*	wenig sein	
7. 많다	*manta*	viel sein	
8. 받다	*batda*	bekommen	
9. 입다	*ipda*	anziehen	
10. 찾다	*chatda*	suchen	

2 Vkons oder Vvok? Ordnen Sie die Verbstämme aus Übung 1 zu.

Vkons	Vvok

3 Bilden Sie die formelle Höflichkeitsform mit den Verbstämmen aus Übung 2.

Vkons + 습니다	Vvok + ㅂ니다

4 Markieren Sie die Verben der koreanischen Sätze.

1. 독일사람을 만납니다. Ich treffe einen Deutschen.
2. 저는 불고기를 아주 좋아합니다. Ich mag Bulgogi sehr.
3. 저녁에 TV를 봅니다. Ich sehe abends fern.
4. 비가 많이 옵니다. Es regnet viel.
5. 저는 맥주를 마십니다. Ich trinke Bier.

Verben: formell höfliche Frage

Die Frageform der formellen Höflichkeit

Der Fragesatz wird gebildet, indem man an den Verbstamm (Vkons) 습니까 [*seumnikka*] oder an (Vvok) ㅂ니까 [*mnikka*] anhängt. Auch diese Form ist für alle Personen dieselbe.

Vkons	+ 습니까		
먹다 essen	먹습니까	*meokseumnikka*	esse ich? isst er / sie / es?, essen wir?, essen sie / Sie?
읽다 lesen	읽습니까	*ikseumnikka*	lese ich?, liest er / sie / es?, lesen wir?, lesen sie / Sie?
듣다 hören	듣습니까	*deutseumnikka*	höre ich?, hört er / sie / es?, hören wir?, hören sie / Sie?
작다 klein sein	작습니까	*jakseumnikka*	bin ich klein?, ist er / sie / es ist klein?, sind wir klein?, sind sie / Sie klein?

Vvok	+ ㅂ니까		
가다 gehen	갑니까	*gamnikka*	gehe ich? geht er / sie / es?, gehen wir? gehen sie / Sie?
오다 kommen	옵니까	*omnikka*	komme ich? kommt er / sie / es?, kommen wir? kommen sie / Sie?
마시다 trinken	마십니까	*masimnikka*	trinke ich? trinkt er / sie / es?, trinken wir? trinken sie / Sie?
크다 groß sein	큽니까	*keumnikka*	bin ich groß? ist er / sie / es groß?, sind wir groß? sind sie / Sie groß?
살다 wohnen	삽니까	*samnikka*	wohne ich? wohnt er / sie / es?, wohnen wir? wohnen sie / Sie?

Beispiele:

Frage (F)			Antwort (A)		
F: 갑니까?	*gamnikka*	Gehen Sie?	A: 네, 갑니다.	*ne gamnida*	Ja, ich gehe.
F: 큽니까?	*keumnikka*	Ist das groß?	A: 네, 큽니다.	*ne keumnida*	Ja, das ist groß.
F: 좋습니까?	*josseumnikka*	Ist das gut?	A: 네, 좋습니다.	*ne josseumnida*	Ja, das ist gut.
F: 작습니까?	*jakseumnikka*	Ist das klein?	A: 네, 작습니다.	*ne jakseumnida*	Ja, das ist klein.

Bei Verben mit ㄹ-Auslaut wird ㄹ als Vokalauslaut behandelt und entfällt vor ㅂ.			
살다 wohnen	삽니다	*samnida*	ich wohne, er / sie / es wohnt, wir wohnen, sie / Sie wohnen
살다 wohnen	삽니까	*samnikka*	wohne ich? wohnt er / sie / es?, wohnen wir? wohnen sie / Sie?

1 Bilden Sie den Verbstamm und die formell höfliche Frage.

Infinitiv			Verbstamm	Formelle Frage
먹다	*meokda*	essen	먹	먹습니까?
오다	*oda*	kommen	오	옵니까?
1. 자다	*jada*	schlafen		
2. 보다	*boda*	sehen		
3. 싸다	*ssada*	billig sein		
4. 좋아하다	*joahada*	mögen		
5. 치다	*chida*	schlagen		
6. 듣다	*deutda*	hören		
7. 읽다	*ikda*	lesen		
8. 찾다	*chatda*	suchen / finden		
9. 많다	*manta*	viel sein		
10. 받다	*batda*	bekommen		

2 Ergänzen Sie bitte den Dialog. Zum Beispiel:
F: 좋아합니까? joahamnikka Mögen Sie? A: 네, 좋아합니다. *ne joahamnida* Ja, ich mag.

F: 1. ____________________?
Gehen Sie?

A: 네, 갑니다. *ne gamnida*
Ja, ich gehe.

F: 쌉니까? *ssamnikka*
Ist das billig?

A: 2. ____________________.
Ja, das ist billig.

F: 3. ____________________?
Ist es viel?

A: 네, 많습니다. *ne mansseumnida*
Ja, es ist viel.

F: 4. ____________________?
Sind Sie krank?

A: 네, 아픕니다. *ne apeumnida*
Ja, ich bin krank.

F: 공부합니까? *gongbuhamnikka*
Lernen Sie?

A: 5. ____________________.
Ja, ich lerne.

F: 6. 친구를 ____________________?
Treffen Sie den Freund?

A: 네, 만납니다. *ne mannamnida*
Ja, ich treffe ihn.

F: 갈비를 좋아합니까? *galbireul joahamnikka*
Mögen Sie Galbi?

A: 7. ____________________.
Ja, ich mag es.

F: 8. 책을 ____________________?
Lesen Sie das Buch?

A: 네, 읽습니다. *ne ikseumnida*
Ja, ich lese es.

F: 피아노를 칩니까? *pianoreul chimnikka*
Spielen Sie Klavier?

A: 9. ____________________.
Ja, ich spiele (Klavier).

F: 10. ____________________?
Ist es hübsch?

A: 네, 예쁩니다. *ne yeppeumnida*
Ja, es ist hübsch.

Verben: Futur der formellen Höflichkeit

Die Futurform –겠

Mit der Futurform wird eine Handlung in der Zukunft sowie die Intention der 1. oder 2. Person (Singular und Plural) ausgedrückt. Außerdem kann man so eine Vermutung in Bezug auf die 3. Person (Singular und Plural) ausdrücken.

Die Bildung der Futurform

Die Futurform wird mit dem Verbstamm (VS) + dem Futurinfix –겠 *[get]* gebildet, woran dann z. B. bei der formellen Höflichkeit –습니다 angeschlossen wird.

Infinitiv	VS + Futurinfix + form. Höflichkeitsform	Futurform
먹다 *meokda* essen	먹 + 겠 + 습니다 =	먹겠습니다 *meokgesseumnida* werde / wird / werden essen
가다 *gada* gehen	가 + 겠 + 습니다 =	가겠습니다 *gagesseumnida* werde / wird / werden gehen
좋다 *jota* gut sein	좋 + 겠 + 습니다 =	좋겠습니다 *jokesseumnida* werde / wird /werden gut sein

Intention

저는 서울에 가겠습니다.

jeoneun seoure gagesseumnida

Ich werde nach Seoul gehen.

저는 사과를 사겠습니다.

jeoneun sagwareul sagesseumnida

Ich werde Äpfel kaufen.

Vermutung

토마스씨는 부산에 가겠습니다.

tomaseussineun busane gagesseumnida

Thomas wird (wohl) nach Busan gehen.

토마스씨는 사과를 사겠습니다.

tomaseussineun sagwareul sagesseumnida

Thomas wird (wohl) Äpfel kaufen.

Die Frageform des Futurs

Die Frageform des Futurs wird auf der Stufe der formellen Höflichkeit folgendermaßen gebildet:
Verbstamm + Futurinfix –겠 + formelle Frageform –습니까 + ?

Infinitiv	VS + Futurinfinx + form. Frageform	Futurform
먹다 meokda essen	먹 + 겠 + 습니까 =	먹겠습니까? meokgesseumnikka werde / wird / werden essen
가다 gada gehen	가 + 겠 + 습니까 =	가겠습니까? gagesseumnikka werde / wird / werden gehen
좋다 jota gut sein	좋 + 겠 + 습니까 =	좋겠습니까? jokesseumnikka werde / wird / werden gut sein

Frage in der Futurform

F: 친구를 만나겠습니까?

chingureul mannagesseumnikka

Werden Sie den Freund treffen?

F: 비가 오겠습니까?

biga ogesseumnikka

Wird es (wohl) regnen? (wörtl.: Wird der Regen kommen?)

Antwort (Aussage) in der Futurform

A: 네, 만나겠습니다.

ne mannagesseumnida

Ja, ich werde ihn treffen.

A: 네, 오겠습니다.

ne ogesseumnida

Ja, es wird (wohl) regnen.

1 Schreiben Sie den Verbstamm der folgenden Verben auf. Bilden Sie dann die Futurform.

Infinitiv				Verbstamm	Futurform
	가다	*gada*	gehen	가	가겠습니다
	듣다	*deutda*	hören	듣	듣겠습니다
1.	사다	*sada*	kaufen		
2.	만나다	*mannada*	treffen		
3.	보다	*boda*	sehen		
4.	하다	*hada*	machen		
5.	치다	*chida*	schlagen		
6.	기다리다	*gidarida*	warten		
7.	읽다	*ikda*	lesen		
8.	받다	*batda*	bekommen		
9.	먹다	*meokda*	essen		
10.	많다	*manta*	viel sein		

2 Welche Form entspricht der deutschen Übersetzung? Kreuzen Sie die richtige Form an und übertragen Sie sie in die Lücke.

1. 저는 부산에 ____________________. *jeoneun busane gagesseumnida*
   Ich werde nach Busan gehen.
   A ☐ 가겠습니까
   B ☐ 갑니다
   C ☐ 가겠습니다

2. 저는 친구를 ____________________. *jeoneun chingureul mannagesseumnida*
   Ich werde einen Freund treffen.
   A ☐ 만나겠습니까
   B ☐ 만납니다
   C ☐ 만나겠습니다

3. 저는 우유를 ____________________. *jeoneun uyureul masigesseumnida*
   Ich werde Milch trinken.
   A ☐ 마십니다
   B ☐ 마시겠습니다.
   C ☐ 마시겠습니까

4. 날씨가 ____________________. *nalssiga jokesseumnida*
   Das Wetter wird schön sein.
   A ☐ 좋습니다
   B ☐ 좋겠습니다
   C ☐ 좋겠습니까

Verben: Verneinung

Verneinung mit 안 + Verb

안 **+ Verb**

Fast alle koreanischen Sätze, die in der formellen und informellen Form stehen, kann man mit 안 [*an*] verneinen. 안 steht immer vor dem zu verneinenden Verb und wird im Deutschen einfach mit „nicht" übersetzt. Die Form ist umgangssprachlicher als die Verneinung mit 지 않다, die weiter unten vorgestellt wird.

	Infinitiv	안 + Verb
Formelle Höflichkeit	보다 sehen	안 봅니다 *an bomnida* sehe / sieht / sehen nicht.
Formelle Höflichkeit	먹다 essen	안 먹습니다 *an meokseumnida* esse / isst / essen nicht.
Frage	마시다 trinken	안 마십니까? *an masimnikka* trinke / trinkt / trinken nicht?
Frage	읽다 lesen	안 읽습니까? *an ikseumnikka* lese / liest / lesen nicht?
Futur	하다 machen	안 하겠습니다. *an hagesseumnida* werde / wird / werden nicht machen.
Futur	듣다 hören	안 듣겠습니다. *an deutgesseumnida* werde / wird / werden nicht hören.

Verneinung mit 지 않다

Verbstamm + 지 않다

Mit –지 않다 [*-ji anta*] kann man auch verneinen. 지 않다 [*-ji anta*] wird an den Verbstamm angehängt. Dann wird 않다 wie ein Verb konjugiert.

	Infinitiv	VS + 지 않다
Formelle Höflichkeit	보다 sehen	보지 않습니다. *boji ansseumnida* sehe(n) / sieht nicht.
Formelle Höflichkeit	먹다 essen	먹지 않습니다. *meokji ansseumnida* esse(n) / isst nicht.
Frage	마시다 trinken	마시지 않습니까? *masiji ansseumnikka* trinke / trinkt / trinken nicht?
Frage	읽다 lesen	읽지 않습니까? *ikji ansseumnikka* lese / liest / lesen nicht?
Futur	하다 machen	하지 않겠습니다. *haji ankesseumnida* werde / wird / werden nicht machen.
Futur	듣다 hören	듣지 않겠습니다. *deutji ankesseumnida* werde / wird / werden nicht hören.

Achtung! Bei der verneinten Frage muss man die Aussage des Satzes bejahen bzw. verneinen.

F: 회사에 안 갑니까?
hoesae an gamnikka
Gehen Sie nicht in die Firma?

A: 네, 안 갑니다.
ne an gamnida
Ja (Die Aussage stimmt), ich gehe nicht.

F: 김치를 좋아하지 않습니까?
gimchireul joahaji ansseumnikka
Mögen Sie kein Gimchi?

A: 아니요, 좋아합니다.
aniyo joahamnida
Nein (Doch), ich mag es.

F: 가지 않습니까?
gaji ansseumnikka
Gehen Sie nicht?

A: 네, 가지 않습니다.
ne gaji ansseumnida
Ja (Die Aussage stimmt), ich gehe nicht.

1 Verneinen Sie auf zwei Arten die Aussage formell höflich.

Infinitiv			안 + Verben	Verbstamm + 지 않다
오다	*oda*	kommen	안 옵니다	오지 않습니다.
듣다	*deutda*	hören	안 듣습니다	듣지 않습니다
1. 가다	*gada*	gehen		
2. 먹다	*meokda*	essen		
3. 마시다	*masida*	trinken		
4. 자다	*jada*	schlafen		
5. 일어나다	*ireonada*	aufstehen		
6. 많다	*manta*	viel sein		
7. 작다	*jakda*	klein sein		
8. 아프다	*apeuda*	krank sein		
9. 춥다	*chupda*	kalt sein		
10. 타다	*tada*	fahren		

2 Ergänzen Sie den Dialog. Zum Beispiel:

F: … 좋아합니까?
joahamnikka
Mögen Sie …?

A: 아니요, … 안 좋아합니다. *aniyo … an joahamnida*
… 좋아하지 않습니다. *… joahaji ansseumnida*
Nein, ich mag … nicht.

1. F: 친구를 만납니까?
   Treffen Sie den Freund?
   A: 아니요, ___ ________.
   Nein, ich treffe ihn nicht.
2. F: 빵을 삽니까?
   Kaufen Sie Brot?
   A: 아니요, 사___ ________.
   Nein, ich kaufe nicht.
3. F: TV를 ___ ________?
   Sehen Sie nicht fern?
   A: 네, 안 봅니다.
   Nein, ich sehe nicht fern.
4. F: 공부합니까?
   Lernen Sie?
   A: 아니요, 공부 ___ ________.
   Nein, ich lerne nicht.

3 Kreuzen Sie die verneinten Sätze an und markieren Sie die Verneinung und das Verb.

1. A ☐ 부산에 가겠습니다. *busane gagesseumnida*
   B ☐ 커피를 안 마십니다. *keopireul an masimnida*
   C ☐ 라디오를 듣습니까? *radioreul deutseumnikka*
2. A ☐ 카메라를 사겠습니다. *kamerareul sagesseumnida*
   B ☐ 서울이 큽니다. *seouri keumnida*
   C ☐ 이메일을 쓰지 않겠습니다. *imeireul sseuji ankesseumnida*
3. A ☐ 오늘 덥겠습니까? *oneul deopgesseumnikka*
   B ☐ 버스를 안 기다리겠습니까? *beoseureul an gidarigesseumnikka*
   C ☐ 한국이 좋습니까? *hangugi josseumnikka*

Verben: Konverbalform / Informelle Höflichkeit (ifH)

Die Konverbalform

Die Konverbalform (KV) braucht man, um u.a. informelle Höflichkeit, Vergangenheit, Nebensätze und die Du-Form zu bilden. Bildet die Konverbalform alleine das Verb, entspricht sie der Du-Form.

Die Bildung der Konverbalform

Die Konverbalform wird folgendermaßen gebildet: Je nachdem wie die letzte Silbe des Verbstamms lautet, wird entweder 아 oder 어 an den Verbstamm angehängt. VS + 아 oder 어 = KV
Dabei kommt es darauf an, welcher Vokal in der letzten Silbe des Verbstamms vorkommt. Endet der Verbstamm mit einem Vokal, kommt es zu Verschleifungen.

Die informelle Höflichkeitsform

Die informelle Höflichkeitsform ist im Alltag außerhalb des Geschäftslebens sehr verbreitet. Eine spezielle Frageform besteht nicht. Die Frage wird ähnlich wie im Deutschen durch die Satzmelodie ausgedrückt.
Für die informelle Höflichkeitsform wird zunächst die Konverbalform (KV) gebildet. Dann wird an die Konverbalform 요 angefügt.
Bestimmen Sie zunächst den Vokal, der in der letzten Silbe des Verbstammes auftaucht. Die verschiedenen
A1 Fälle sind mit dem Platzhalter „ㅇ" davor angegeben. So wird z.B. ㅕ als 여 aufgeführt. In der Silbe taucht der Vokal in der Regel ohne Platzhalter auf.

- Wenn die letzte Silbe des Verbstamms 아, 야, 오 oder 요 enthält: + 아 (=KV) + 요 (=ifH)

Infinitiv (Verbstamm + 다)	Konverbalform (KV) (Verbstamm + 아)	Informelle Höflichkeitsform (Konverbalform + 요)
살다 leben	살 + 아	살아요 sarayo
받다 bekommen	받 + 아	받아요 badayo
좋다 gut sein	좋 + 아	좋아요 joayo

- In allen anderen Fällen, in denen die letzte Silbe des Verbstamms 어, 여, 우, 유, 으, 이, 에, 애 ... enthält: + 어 (=KV) + 요 (= ifH)

Infinitiv	Konverbalform (KV)	Informelle Höflichkeitsform (KV+ 요)
먹다 essen	먹 + 어	먹어요 meogeoyo
읽다 lesen	읽 + 어	읽어요 ilgeoyo
만들다 herstellen	만들 + 어	만들어요 mandeureoyo

Endet der Verbstamm mit einem Vokal, kommt es zu einer Verschleifung.

Infinitiv	Konverbalform (KV)	Informelle Höflichkeitsform (KV+ 요)
가다 gehen	(가 + 아) Verschleifung zu 가	가요 gayo
오다 kommen	(오 + 아) Verschleifung zu 와	와요 wayo

Endet der Verbstamm mit dem Vokal 이, wird ㅣ + 어 zusammengezogen zu ㅕ.

Infinitiv	Konverbalform (KV)	Informelle Höflichkeitsform (KV+ 요)
치다 schlagen	(치 + 어) Verschleifung zu 쳐	쳐요 chyeoyo
마시다 trinken	(마시 + 어) Verschleifung zu 마셔	마셔요 masyeoyo

1 Schreiben Sie die Konverbalform der folgenden Verben. Bilden Sie dann die informelle Höflichkeitsform.

Infinitiv			Konverbalform	informelle Höflichkeit
읽다	*ikda*	lesen	읽어	읽어요
가다	*gada*	gehen	가	가요
1. 보다	*boda*	sehen		
2. 사다	*sada*	kaufen		
3. 먹다	*meokda*	essen		
4. 만나다	*mannada*	treffen		
5. 기다리다	*gidarida*	warten		
6. 작다	*jakda*	klein sein		
7. 있다	*itda*	haben		
8. 좋다	*jota*	gut sein		
9. 타다	*tada*	fahren		

2 Erkennen Sie die Formen und ordnen Sie sie zu.

사요 좋아요 좋아하다 봐요 와 웃다 기다리다
받다 만나 써요 읽다 자 예뻐요 많아 먹어

Infinitiv	Konverbalform	Informelle Höflichkeitsform

3 Kreuzen Sie die informellen Höflichkeitsformen an.

1. 가르치다 *gareuchida* unterrichten
   A ☐ 가르칩니다
   B ☐ 가르쳐요
   C ☐ 가르치겠습니다

2. 사다 *sada* kaufen
   A ☐ 삽니까
   B ☐ 사
   C ☐ 사요

3. 좋다 *jota* gut sein
   A ☐ 좋아요
   B ☐ 좋습니까
   C ☐ 좋아해요

Grammatik

Verben: Konverbalform (2) / Informelle Höflichkeit

Die informelle Höflichkeitsform bei Verbstammende auf ㅂ, ㄷ und ㅡ

Die informelle Höflichkeitsform wird bei Verben, deren Stamm auf ㅂ, ㄷ und ㅡ endet, wie folgt gebildet:

Verbstamm endet auf ㅂ + 우 + 어 (= KV) + 요 (ㅂ fällt weg, 우 wird hinzugefügt) bei den instabilen Verben.

Infinitiv	Konverbalform (KV)	Informelle Höflichkeitsform (KV+요)
춥다 kalt sein	춥 + 우 + 어 wird zu 추워	추워요 *chuwoyo*
맵다 scharf sein	맵 + 우 + 어 wird zu 매워	매워요 *maewoyo*
어렵다 schwierig sein	어렵 + 우 + 어 wird zu 어려워	어려워요 *eoryeowoyo*

Verbstamm endet auf ㄷ + 어 (= KV) + 요 (ㄷ wird zu ㄹ):

Infinitiv	Konverbalform (KV)	Informelle Höflichkeitsform (KV+요)
듣다 hören	듣 + 어 wird zu 들어	들어요 *deureoyo*
묻다 fragen	묻 + 어 wird zu 물어	물어요 *mureoyo*

Verbstamm endet auf 으 + 아 oder 어 (= KV) + 요 (der Vokal 으 fällt weg):
Bei einem einsilbigen Verbstamm wird 어 (ohne Platzhalter „ㅇ") angehängt. Bei einem mehrsilbigen Verb richtet es sich nach dem Vokal der vorletzten Silbe, ob 아 oder 어 angeschlossen wird. G11

Infinitiv	Konverbalform (KV)	Informelle Höflichkeitsform (KV+요)
쓰다 schreiben	쓰 + 어 wird zu 써	써요 *sseoyo*
아프다 krank sein	아프 + 아 wird zu 아파	아파요 *apayo*
예쁘다 hübsch sein	예쁘 + 어 wird zu 예뻐	예뻐요 *yeppeoyo*

besondere Verben:

Infinitiv	Konverbalform (KV)	Informelle Höflichkeitsform (KV+요)
하다 machen	하 + 여 wird zu 해	해요 *haeyo*
이다 sein	이 + 어 wird zu 이에 oder 예	nach Nkon 이에요 *ieyo* nach Nvok 예요 *yeyo*

Mit dem Verb 하다 (machen) werden viele zusammengesetzte Verben gebildet, die die Konverbalform genauso bilden, z. B. 피곤하다 *pigonhada* „müde sein".

Nach einem Nomen, das auf einen Konsonanten (Nkon) endet, lautet die informelle Höflichkeitsform von 이다 (sein) 이에요.

Nkon + 이에요:

저는 한국사람이에요.	*jeoneun hanguksaramieyo*	Ich bin Koreaner.
저는 선생이에요.	*jeoneun seonsaengieyo*	Ich bin Lehrer.

Nach einem Nomen, das auf einen Vokal (Nvok) endet, lautet die informelle Höflichkeitsform von 이다 (sein) 예요.

Nvok + 예요:

이것은 김치예요.	*igeoseun gimchiyeyo*	Das ist Gimchi.
얼마예요?	*eolmayeyo*	Wie viel kostet das?

1 Bilden Sie die Konverbalform der folgenden Verben und dann die informelle Höflichkeitsform.

Infinitiv			Konverbalform	informelle Höflichkeit
하다	*hada*	machen, tun	해	해요
1. 덥다	*deopda*	heiß sein		
2. 쉽다	*swipda*	leicht sein		
3. 좋아하다	*joahada*	mögen		
4. 피곤하다	*pigonhada*	müde sein		
5. 듣다	*deutda*	hören		
6. 바쁘다	*bappeuda*	beschäftigt sein		
7. 슬프다	*seulpeuda*	traurig sein		
8. 맵다	*maepda*	scharf sein		
9. 기쁘다	*gippeuda*	erfreut sein		
10. 이다	*ida*	sein		

2 Erkennen Sie die Formen und ordnen Sie sie zu.

듣다 아파요 바쁘다 해요 좋아해 예뻐요 이다
어려워 쓰다 하다 들어 이에요 추워요 기뻐

Infinitiv	Konverbalform	Informelle Höflichkeitsform

3 Kreuzen Sie die richtige informelle Höflichkeitsform an.

1. 복잡하다
   A ☐ 복잡합니다
   B ☐ 복잡하겠습니다
   C ☐ 복잡해요

2. 아름답다
   A ☐ 아름답습니까
   B ☐ 아름다워요
   C ☐ 아름다웠어요

3. 기쁘다
   A ☐ 기뻐요
   B ☐ 기쁩니다
   C ☐ 기쁘겠어요

Verben: Informelle Höflichkeit 2. Person mit (으)세요

Die informelle Höflichkeitsform mit (으)세요

G11 Will man eine Frage oder Aufforderung an einen Gesprächpartner etwas höflicher ausdrücken, wird statt der
G12 아 / 어요 Form oft die Form (으)세요 [*euseyo*] verwendet.

- Verbstamm endet auf einen Vokal (Vvok) + 세요 [*seyo*]:

Infinitiv	Vvok + inf. Höflichkeitsform	Informelle Höflichkeitsform
하다 machen	하 + 세요	하세요 *haseyo*
보다 sehen	보 + 세요	보세요 *boseyo*

- Verbstamm endet auf einen Konsonanten (Vkons) + 으세요 [*euseyo*]:

Infinitiv	Vkons + inf. Höflichkeitsform	Informelle Höflichkeitsform
받다 bekommen	받 + 으세요	받으세요 *badeuseyo*
많다 viel sein	많 + 으세요	많으세요 *maneuseyo*

Unregelmäßige Verben, bei denen der Verbstamm auf ㄷ, ㄹ oder ㅂ endet:

- Endet der Verbstamm auf ㄷ, wird ㄷ zu ㄹ:

Infinitiv	VS + inf. Höflichkeitsform	Informelle Höflichkeitsform
듣다 hören	듣 + 으세요	들으세요 *deureuseyo*
묻다 fragen	묻 + 으세요	물으세요 *mureuseyo*

- Endet der Verbstamm auf ㄹ, fällt ㄹ weg:

Infinitiv	VS + inf. Höflichkeitsform	Informelle Höflichkeitsform
살다 leben	살 + 으세요	사세요 *saseyo*
만들다 herstellen	만들 + 으세요	만드세요 *mandeuseyo*

- Endet der Verbstamm auf ㅂ, fällt ㅂ weg und 우 wird hinzugefügt (으 fällt weg)

Infinitiv	VS + inf. Höflichkeitsform	Informelle Höflichkeitsform
춥다 kalt sein	춥 + 우 + 으세요	추우세요 *chuuseyo*
덥다 heiß sein	덥 + 우 + 으세요	더우세요 *deouseyo*

Bei einigen Tätigkeiten verwendet man für die 2. Person besondere Höflichkeitsverben.

Infinitiv	VS + inf. Höflichkeitsform	Informelle Höflichkeitsform
드시다 essen (ersetzt 먹다, 마시다)	드 + 세요	드세요 *deuseyo*
주무시다 schlafen (ersetzt 자다)	주무 + 세요	주무세요 *jumuseyo*
계시다 da sein (ersetzt 있다)	계 + 세요	계세요 *gyeseyo*

1 Schreiben Sie den Verbstamm der folgenden Verben und bilden Sie dann die informelle Höflichkeitsform mit (으)세요.

Infinitiv			Verbstamm	informelle Höflichkeit -(으)세요
가다	*gada*	gehen	가	가세요
1. 보다	*boda*	sehen		
2. 주다	*juda*	kaufen		
3. 만나다	*mannada*	treffen		
4. 듣다	*deuta*	hören		
5. 읽다	*ikda*	lesen		
6. 기다리다	*gidarida*	warten		
7. 하다	*hada*	machen		
8. 살다	*salda*	leben		
9. 어렵다	*eoryeopda*	schwierig sein		
10. 쉽다	*swipda*	leicht sein		

2 Kreuzen Sie die richtige informelle Höflichkeitsform mit (으)세요 an.

1. 오다 *oda* kommen
   - A ☐ 오세요
   - B ☐ 와 주세요
   - C ☐ 와 보세요

2. 쓰다 *sseuda* schreiben
   - A ☐ 써 보세요
   - B ☐ 씁니다
   - C ☐ 쓰세요

3. 있다 *itda* existieren
   - A ☐ 있어요
   - B ☐ 있겠어요
   - C ☐ 계세요

4. 자다 *jada* schlafen
   - A ☐ 자 보세요
   - B ☐ 주무세요
   - C ☐ 주무십니다

3 Ergänzen Sie den Dialog.

Zum Beispiel:

F: 오늘 무엇을 하세요?
oneul mueoseul haseyo
Was machen Sie heute?

A: 친구를 만나요.
chingureul mannayo
Ich treffe einen Freund.

1. F: 사과를 (사다)________________?
   Kaufen Sie den Apfel?
   A: 아니요, 안 사요.
   Nein, ich kaufe ihn nicht.
2. F: 영화를 (보다)________________?
   Sehen Sie einen Film an?
   A: 네, 한국영화를 봐요.
   Ja, ich sehe einen koreanischen Film an.
3. F: 비빔밥을 (좋아하다)________________?
   Mögen Sie Bibimbap?
   A: 네, 아주 좋아해요.
   Ja, ich mag es sehr.

Verben: Imperativ

Imperativ – Befehl

Die Imperativform bildet man, indem man an den Verbstamm entweder (으)십시오 [*eusipsio*] für die formelle Höflichkeitsform oder (으)세요 [*euseyo*] für die informelle Höflichkeitsform anhängt. Die Form (으)세요 ist gebräuchlicher.

- Formelle Höflichkeit: Verbstamm + (으)십시오

어서 오십시오.	*eoseo osipsio*	Willkommen! (wörtl.: Kommen Sie rasch!)
읽으십시오.	*ilgeusipsio*	Lesen Sie!
기다리십시오.	*gidarisipsio*	Warten Sie!
안녕히 가십시오.	*annyeonghi gasipsio*	Auf Wiedersehen! (zur Person, die geht)

- Informelle Höflichkeit: Verbstamm + (으)세요

사과를 주세요.	*sagwareul juseyo*	Geben Sie mir einen Apfel!
운동을 하세요.	*undongeul haseyo*	Machen Sie Sport!
맛있게 드세요.	*masitge deuseyo*	Guten Appetit! (wörtl.: Essen Sie lecker!)
안녕히 가세요.	*annyeonghi gaseyo*	Auf Wiedersehen! (zur Person, die geht)

Imperativ – Verbot

Mit der Imperativ-Verbotsform drückt man ein Verbot bzw. eine strenge Aufforderung, etwas nicht zu tun, aus – auch wenn sie sehr höflich klingt. Man bildet sie, indem man an den Verbstamm entweder 지 마십시오 [*jimasipsio*] (formell) oder 지 마세요 [*ji maseyo*] (informell) anhängt. Diese Form kann mit „Bitte, tun Sie … nicht!" übersetzt werden. Die Form 지 마세요 ist gebräuchlicher.

- Formelle Höflichkeit: Verbstamm + 지 마십시오

오지 마십시오.	*oji masipsio*	Kommen Sie nicht!
들어가지 마십시오.	*deureogaji masipsio*	Bitte treten Sie nicht ein!
전화하지 마십시오.	*jeonhwahaji masipsio*	Bitte rufen Sie nicht an!
사진을 찍지 마십시오.	*sajineul jjikji masipsio*	Fotografieren Sie bitte nicht!

- Informelle Höflichkeit: Verbstamm + 지 마세요

TV를 보지 마세요.	*tibireul boji maseyo*	Sehen Sie nicht fern.
늦지 마세요.	*neutji maseyo*	Verspäten Sie sich nicht!
술을 많이 마시지 마세요.	*sureul mani masiji maseyo*	Trinken Sie nicht so viel Alkohol!
담배를 피우지 마세요.	*dambaereul piuji maseyo*	Bitte rauchen Sie nicht!

1 Bilden Sie die informellen Formen des Imperativs und das Verbot.

Infinitiv			Imperativ	Imperativ Verbot
오다	*oda*	kommen	오세요	오지 마세요
1. 사다	*sada*	kaufen		
2. 주다	*juda*	geben		
3. 보다	*boda*	sehen		
4. 만나다	*mannada*	treffen		
5. 하다	*hada*	machen		
6. 읽다	*ikda*	lesen		
7. 받다	*batda*	bekommen		
8. 쓰다	*sseuda*	schreiben		
9. 기다리다	*gidarida*	warten		
10. 일어나다	*ireonada*	aufstehen		

2 Verwenden Sie die Form für die inform. Höflichkeit und ersetzen Sie wenn möglich durch das Höflichkeitsverb. G13

운동하다 *undonghada* Sport machen　마시다 *masida* trinken
일하다 *irhada* arbeiten　자다 *jada* schlafen

z.B. Jemand möchte einen Reisetipp für eine Koreareise haben.
경주에 가세요. *gyeongjue gaseyo* Gehen Sie nach Gyeongju.

1. Jemand möchte gern abnehmen. ______
2. Jemand ist erkältet. 차를 (Tee)______
3. Jemand will viel Geld verdienen. ______
4. Jemand ist sehr müde. ______

3 Sprechen Sie Verbote aus mit Hilfe folgender Verben.

술 마시다 Alkohol trinken　TV 보다 sehen　말하다 sprechen
담배 피우다 rauchen　음악 듣다 Musik hören

Jemand will in den Maschinenraum eintreten.
들어가지 마세요. *deureogaji maseyo* Treten Sie nicht ein.

1. Jemand raucht viel. ______
2. Jemand trinkt viel Alkohol. ______
3. Jemand unterhält sich im Kino. ______
4. Jemand sieht zu viel fern. ______
5. Jemand hört in der Bibliothek Musik. ______

Verben: Vergangenheit

G11 Vergangenheitsform

G12 Um die Vergangenheitsform zu bilden, braucht man die Konverbalform. An die Konverbalform 아 / 어 wird ㅆ angeschlossen, indem man es unter die letzte Silbe schreibt. Dann wird je nach Höflichkeitsstufe entweder 습니다 für die formelle Höflichkeit (fH) oder 어요 für die informelle Höflichkeit (ifH) angehängt.

Infinitiv	KV + ㅆ + fH Form	
먹다 essen	먹어 + ㅆ + 습니다	먹었습니다 *meogeosseumnida*
읽다 lesen	읽어 + ㅆ + 습니다	읽었습니다 *ilgeosseumnida*
듣다 hören	들어 + ㅆ + 습니다	들었습니다 *deureosseumnida*
덥다 heiß sein	더워 + ㅆ + 습니다	더웠습니다 *deowosseumnida*
받다 bekommen	받아 + ㅆ + 습니다	받았습니다 *badasseumnida*

Infinitiv	KV + ㅆ + ifH Form	
가다 gehen	가 + ㅆ + 어요	갔어요 *gasseoyo*
오다 kommen	와 + ㅆ + 어요	왔어요 *wasseoyo*
크다 groß sein	커 + ㅆ + 어요	컸어요 *keosseoyo*
마시다 trinken	마셔 + ㅆ + 어요	마셨어요 *masyeosseoyo*
예쁘다 hübsch sein	예뻐 + ㅆ + 어요	예뻤어요 *yeppeosseoyo*

Vergangenheitsform mit 시

Besonders bei Fragen an den Gesprächpartner wird an den Verbstamm nach Vkons 으셨 und nach Vvok 셨 G7 (das aus der honorativen Erweiterung 시 + 었 gebildet ist) angehängt. Daran wird dann 습니다 oder 어요 angehängt.

Infinitiv	VS + (으)셨 + fH Form	
가다 gehen	가 + 셨 + 습니다	가셨습니다 *gasyeosseumnida*
보다 sehen	보 + 셨 + 습니다	보셨습니다 *bosyeosseumnida*
읽다 lesen	읽 + 으셨 + 습니다	읽으셨습니다 *ilgeusyeosseumnida*

Infinitiv	VS + (으)셨 + ifH Form	
주다 geben	주 + 셨 + 어요	주셨어요 *jusyeosseoyo*
오다 kommen	오 + 셨 + 어요	오셨어요 *osyeosseoyo*
받다 bekommen	받 + 으셨 + 어요	받으셨어요 *badeusyeosseoyo*

F: 무엇을 사셨어요?
mueoseul sasyeosseoyo
Was haben Sie gestern gekauft?

A: 과일을 샀어요.
gwaireul sasseoyo
Ich habe Obst gekauft.

F: 무엇을 하셨어요?
mueoseul hasyeosseoyo
Was haben Sie gemacht?

A: 책을 읽었어요.
chaegeul ilgeosseoyo
Ich habe ein Buch gelesen.

F: 어디에 가셨어요?
eodie gasyeosseoyo
Wohin sind Sie gegangen?

A: 인사동에 갔어요.
insadonge gasseoyo
Ich bin nach Insadong gegangen.

1 Schreiben Sie die Konverbalform der folgenden Verben. Bilden Sie dann die informelle Vergangenheitsform.

Infinitiv			Konverbalform	Vergangenheitsform
가다	*gada*	gehen	가	갔어요
1. 사다	*sada*	kaufen		
2. 먹다	*meokda*	essen		
3. 오다	*oda*	kommen		
4. 마시다	*masida*	trinken		
5. 읽다	*ikda*	lesen		
6. 살다	*salda*	leben		
7. 듣다	*deutda*	hören		
8. 쓰다	*sseuda*	schreiben		
9. 덥다	*deopda*	heiß sein		
10. 어렵다	*eoryeopda*	schwierig sein		

2 Ergänzen Sie den Dialog. Zum Beispiel:

F: 어제 어디에 가셨어요? *eoje eodie gasyeosseoyo*
Wohin sind Sie gestern gegangen?
A: 명동에 갔어요. *myeongdonge gasseoyo*
Ich bin nach Myeongdong gegangen.

1. F: 어제 무엇을 드셨어요?
eoje mueoseul deusyeosseoyo
Was haben Sie gestern gegessen?

A: 갈비를 ____________________.
galbireul meogeosseoyo
Ich habe Galbi gegessen.

2. F: 어제 TV를 ____________________?
eoje tibireul bosyeosseoyo
Haben Sie gestern ferngesehen?

A: 아니요, 안 봤어요.
aniyo an bwasseoyo
Nein, ich habe nicht ferngesehen.

3. F: 언제 일어났어요?
eonje ireonasseoyo
Wann sind Sie aufgestanden?

A: 일곱 시에 ____________________.
ilgop sie ireonasseoyo
Um 7 Uhr bin ich aufgestanden.

4. F: 친구하고 전화하셨어요?
chinguhago jeonhwahasyeosseoyo
Haben Sie mit einem Freund telefoniert?

A: 네, ____________________.
ne jeonhwahaesseoyo
Ja, ich habe mit ihm telefoniert.

5. F: 어제 비가 왔어요?
eoje biga wasseoyo
Hat es gestern geregnet?

A: 아니요, 날씨가 ____________________.
aniyo nalssiga joasseoyo
Nein, das Wetter war schön.

6. F: 언제 한국에 ____________________?
eonje hanguge osyeosseoyo
Wann sind Sie nach Korea gekommen?

A: 화요일에 왔어요.
hwayoire wasseoyo
Ich bin am Dienstag gekommen.

Verben: Die Hilfsverben 주다 und 보다

G11 Hilfsverb 주다

G12 Wenn 주다 [*juda*] (geben) als Hilfsverb benutzt wird, folgt es nach einem Leerzeichen auf die Konverbalform. Dann wird das Verb nicht mehr als „geben" übersetzt, sondern es bekommt die Bedeutung „etwas für jemanden tun". Im Deutschen entspricht diese Form dem „bitte!".
Zur Bildung der Formen fällt die Infinitivendung 다 weg und die Endung der informellen oder formellen Höflichkeitsform oder andere Endungen werden angehängt.

Infinitiv	Konverbalform + 주다	
하다 machen	해 + 주다	해 주다 *hae juda*
보다 sehen	봐 + 주다	봐 주다 *bwa juda*
오다 kommen	와 + 주다	와 주다 *wa juda*
읽다 lesen	읽어 + 주다	읽어 주다 *ilgeo juda*
쓰다 schreiben	써 + 주다	써 주다 *sseo juda*
듣다 hören	들어 + 주다	들어 주다 *deureo juda*

전화해 주십시오.	jeonhwahae jusipsio	Bitte rufen Sie mich an!
편지를 써 주십시오.	pyeonjireul sseo jusipsio	Bitte schreiben Sie einen Brief!
와 주세요.	wa juseyo	Bitte kommen Sie!
빵을 사 주세요.	ppangeul sa juseyo	Bitte kaufen Sie Brot!
들어 주세요.	deureo juseyo	Bitte hören Sie!
보여 주세요.	boyeo juseyo	Bitte zeigen Sie es mir!

Hilfsverb 보다

Wenn 보다 [*boda*] als Hilfsverb verwendet wird, folgt es nach einem Leerzeichen auf die Konverbalform. Damit wird das Verb nicht mehr als „sehen", sondern als „versuchen … zu tun" oder „(versuchen Sie) mal…" übersetzt.

Infinitiv	Konverbalform + 보다	
가다 gehen	가 + 보다	가 보다 *ga boda*
하다 machen	해 + 보다	해 보다 *hae boda*
마시다 trinken	마셔 + 보다	마셔 보다 *masyeo boda*
쓰다 schreiben	써 + 보다	써 보다 *sseo boda*
읽다 lesen	읽어 + 보다	읽어 보다 *ilgeo boda*
듣다 hören	들어 + 보다	들어 보다 *deureo boda*

안동에 가 보십시오.	*andonge ga bosipsio*	Gehen Sie mal nach Andong!
먹어 보십시오.	*meogeo bosipsio*	Essen Sie mal!
입어 보세요.	*ibeo boseyo*	Probieren Sie das mal an!
들어 보세요.	*deureo boseyo*	Hören Sie mal!
빵을 사 보세요.	*ppangeul sa boseyo*	Kaufen Sie mal Brot!
해 보세요.	*hae boseyo*	Bitte machen Sie das mal!

1 Bilden Sie die Konverbalform und ergänzen Sie.

Infinitiv			Konverbalform	KV + 주세요
가다	*gada*	gehen	가	가 주세요
1. 보다	*boda*	sehen		
2. 사다	*sada*	kaufen		
3. 듣다	*deutda*	hören		
4. 전화하다	*jeonhwahada*	anrufen		
5. 기다리다	*gidarida*	warten		

2 Bilden Sie die Konverbalform und ergänzen Sie.

Infinitiv			Konverbalform	KV + 보세요
오다	*oda*	kommen	와	와 보세요
1. 하다	*hada*	machen		
2. 만나다	*mannada*	treffen		
3. 읽다	*ikda*	lesen		
4. 듣다	*deutda*	hören		
5. 찾다	*chatda*	suchen		

3 Bitten Sie um Hilfe.

백화점 *baekwajeom* Kaufhaus 한국어 *hangugeo* Koreanisch
꽃 *kkot* Blume 연필 *yeonpil* Bleistift 가르치다 *gareuchida* unterrichten
가다 *gada* gehen / fahren 사다 *sada* kaufen 빌리다 *billida* leihen

1. Ich fahre mit dem Taxi und möchte zum Kaufhaus fahren.

   __________ 에 __________! Bitte fahren Sie zum Kaufhaus.

2. Ich möchte Koreanisch lernen.

   __________ 를 __________! Bitte bringen Sie mir Koreanisch bei!

3. Ich möchte gerne Blumen haben.

   __________ 을 __________! Bitte kaufen Sie mir Blumen!

4. Ich brauche etwas zum Schreiben.

   __________ 을 __________! Bitte leihen Sie mir einen Bleistift!

4 Bitte oder Vorschlag? Ordnen Sie zu.

마셔 보세요. 먹어 보세요. 읽어 주세요.
전화해 주세요. 자 보세요. 만나 주세요.

Bitte	Vorschlag
1.	2.

Verben: können / nicht können

nicht können

Für die einfache Form, mit der man „Nichtkönnen" wegen äußerer Umstände oder Unfähigkeit ausdrücken kann, verwendet man 못 [*mot*] vor dem zu verneinenden Verb. Es wird im Deutschen einfach mit „nicht können" übersetzt.

못 + **Verb**

못 갑니다.	*mot gamnida*	kann *bzw.* können nicht gehen.
못 먹어요.	*mot meogeoyo*	kann *bzw.* können nicht essen.

F: 한국말을 잘 하세요?
hangugmareul jal haseyo
Können Sie gut Koreanisch?

A: 아니요, 잘 못 해요.
aniyo jal mot haeyo
Nein, ich kann es nicht gut.

F: 신문을 읽었어요?
sinmuneul ilgeosseoyo
Haben Sie die Zeitung gelesen?

A: 아니요, 못 읽었어요.
aniyo mot ilgeosseoyo
Nein, ich konnte sie nicht lesen.

Modalverb können / nicht können

Die Form wird gebildet, indem an den Verbstamm (으)ㄹ 수 있다 [*eul su itda*] angehängt wird. Damit drückt man „können" als Möglichkeit und Fähigkeit aus.
Mit (으)ㄹ 수 없다 [*eul su eopda*] „nicht können" wird bei dieser Form Unmöglichkeit oder Unfähigkeit ausgedrückt.

- **Verbstamm +** (으)ㄹ 수 있다

Infinitiv	Vvok + ㄹ 수 있다	
가다 gehen	가 + ㄹ 수 있다	갈 수 있다 kann *bzw.* können gehen
오다 kommen	오 + ㄹ 수 있다	올 수 있다 kann *bzw.* können kommen

Infinitiv	Vkons + 을 수 있다	
먹다 essen	먹 + 을 수 있다	먹을 수 있다 kann *bzw.* können essen
읽다 lesen	읽 + 을 수 있다	읽을 수 있다 kann *bzw.* können lesen

- **Verbstamm +** (으)ㄹ 수 없다

Infinitiv	Vvok + ㄹ 수 없다	
사다 kaufen	사 + ㄹ 수 없다	살 수 없다 kann *bzw.* können nicht kaufen
보다 sehen	보 + ㄹ 수 없다	볼 수 없다 kann *bzw.* können nicht sehen

Infinitiv	Vkons + 을 수 없다	
받다 bekommen	받 + 을 수 없다	받을 수 없다 kann *bzw.* können nicht bekommen
찾다 finden	찾 + 을 수 없다	찾을 수 없다 kann *bzw.* können nicht finden

F: 김치를 먹을 수 있어요?
gimchireul meogeul su isseoyo
Können Sie Gimchi essen?

A: 네, 먹을 수 있어요.
ne meogeul su isseoyo
Ja, ich kann es essen.

F: 수영할 수 있어요?
suyeonghal su isseoyo
Können Sie schwimmen?

A: 아니요, 수영할 수 없어요.
aniyo suyeonghal su eopseoyo
Nein, ich kann nicht schwimmen.

1 Ergänzen Sie den Verbstamm der folgenden Verben mit den Modalverben für „können" und „nicht können".

Infinitiv			können	nicht können
오다	*oda*	kommen	올 수 있어요	올 수 없어요
1. 보다	*boda*	sehen		
2. 읽다	*ikda*	lesen		
3. 치다	*chida*	schlagen		
4. 쓰다	*sseuda*	schreiben		
5. 주다	*juda*	geben		
6. 하다	*hada*	machen		
7. 찾다	*chatda*	finden		
8. 마시다	*masida*	trinken		
9. 만나다	*mannada*	treffen		
10. 일어나다	*ireonada*	aufstehen		

2 Welche Antwort passt am besten?

1. 수영할 수 있어요?
   Können Sie schwimmen?
   A ☐ 네, 할 수 있어요.
   B ☐ 네, 할 수 없어요.
   C ☐ 네, 못 해요.

2. 영화 같이 볼 수 있어요?
   Können wir zusammen den Film ansehen?
   A ☐ 아니요, 볼 수 있어요.
   B ☐ 네, 볼 수 있어요.
   C ☐ 네, 같이 볼 수 없어요.

3. 소주 마실 수 있어요?
   Können Sie Soju trinken?
   A ☐ 아니요, 마실 수 있어요.
   B ☐ 네, 못 마셔요.
   C ☐ 네, 마실 수 있어요.

4. 운전할 수 있어요?
   Können Sie Auto fahren?
   A ☐ 아니요, 해요.
   B ☐ 네, 못 해요.
   C ☐ 네, 할 수 있어요.

5. 김치 먹을 수 있어요?
   Können Sie Gimchi essen?
   A ☐ 네, 먹을 수 있어요.
   B ☐ 네, 못 먹어요.
   C ☐ 네, 먹을 수 없어요.

3 Bitte antworten Sie.

1. 한국말 할 수 있어요? Können Sie Koreanisch sprechen? (Ja)

   ____

2. 태권도 할 수 있어요? Können Sie Taekwondo? (Nein)

   ____

3. 피아노 칠 수 있어요? Können Sie Klavier spielen? (Ja)

   ____

Verben: wollen (möchten)

Modalverb wollen

- Um einen Wunsch in der 1. und 2. Person Singular oder Plural auszudrücken, hängt man an den Verbstamm (VS) –고 싶다 [*go sipda*] an.

Infinitiv	VS + 고 싶다			
가다 gehen	가 + 고 싶다	→	가고 싶다	will / willst / wollen / wollt gehen
오다 kommen	오 + 고 싶다	→	오고 싶다	will / willst / wollen / wollt kommen
먹다 essen	먹 + 고 싶다	→	먹고 싶다	will / willst / wollen / wollt essen
읽다 lesen	읽 + 고 싶다	→	읽고 싶다	will / willst / wollen / wollt lesen

F: 어디에 가고 싶습니까?
oedie gago sipseumnikka
Wohin wollen Sie gehen?

A: 제주도에 가고 싶습니다.
jejudoe gago sipseumnida
Ich will nach Chejudo gehen.

F: 무엇을 마시고 싶어요?
mueoseul masigo sipeoyo
Was wollen Sie trinken?

A: 인삼차를 마시고 싶어요.
insamchareul masigo sipeoyo
Ich will Ginseng-Tee trinken.

F: 누구를 만나고 싶어요?
nugureul mannago sipeoyo
Wen wollen Sie treffen?

A: 어머니를 만나고 싶어요.
eomeonireul mannago sipeoyo
Ich will meine Mutter treffen.

F: 무엇을 먹고 싶었어요?
mueoseul meokgo sipeosseoyo
Was wollten Sie essen?

A: 우리는 불고기를 먹고 싶었어요.
urineun bulgogireul meokgo sipeosseoyo
Wir wollten Bulgogi essen.

- Wenn das Subjekt die 3. Person ist, wird die Form –고 싶어하다 [*go sipeohada*] an den Verbstamm (VS) angehängt.

Infinitiv	VS + 고 싶어하다			
가다 gehen	가 + 고 싶어하다	→	가고 싶어하다	er / sie / es will *bzw.* wollen gehen
오다 kommen	오 + 고 싶어하다	→	오고 싶어하다	er / sie / es will *bzw.* wollen kommen
먹다 essen	먹 + 고 싶어하다	→	먹고 싶어하다	er / sie / es will *bzw.* wollen essen
읽다 lesen	읽 + 고 싶어하다	→	읽고 싶어하다	er / sie / es will *bzw.* wollen lesen

F: 친구가 어디에 가고 싶어해요?
chinguga eodie gago sipeohaeyo
Wohin will Ihr Freund gehen?

A: Frankfurt에 가고 싶어해요.
Frankfurte gago sipeohaeyo
Er will nach Frankfurt gehen

F: 언니가 무엇을 먹고 싶어해요?
eonniga mueoseul meokgo sipeohaeyo
Was will die ältere Schwester essen?

A: 김밥을 먹고 싶어해요.
gimbabeul meokgo sipeohaeyo
Sie will Gimbap essen.

F: 어머니가 무엇을 하고 싶어했어요?
eomeoniga mueoseul hago sipeohaesseoyo
Was wollte die Mutter machen?

A: 전화하고 싶어했어요
jeonhwahago sipeohaesseoyo
Sie wollte telefonieren.

F: 할머니가 무엇을 하고 싶어하셨어요?
halmeoniga mueoseul hago sipeohasyeosseoyo
Was wollte die Großmutter machen?

A: 저를 보고 싶어하셨어요.
jeoreul bogo sipeohasyeosseoyo
Sie wollte mich sehen.

1 Ergänzen Sie den Verbstamm der folgenden Verben mit der informellen Höflichkeitsform von „wollen" für die 1. oder 2. Person und in der 3. Person.

Infinitiv			wollen	wollen (3. Person)
가다	*gada*	gehen	가고 싶어요	가고 싶어해요
1. 보다	*boda*	sehen		
2. 자다	*jada*	schlafen		
3. 주다	*juda*	geben		
4. 하다	*hada*	machen		
5. 받다	*batda*	bekommen		
6. 만나다	*mannada*	treffen		
7. 읽다	*ikda*	lesen		
8. 듣다	*deutda*	hören		

2 Übersetzen Sie ins Koreanische.

친구 Freund 딸 Tochter 아들 Sohn 어머니 Mutter 사장님 Chef
초콜릿 Schokolade 컴퓨터 Computer 독일 Deutschland 콘서트 Konzert
노래하다 singen 사다 kaufen 가다 gehen 여행하다 reisen 먹다 essen

1. Meine Mutter möchte gern nach Deutschland reisen.

_______________가 _______________에 _______________________

2. Mein Sohn möchte gern einen Computer kaufen.

_______________이 _______________를 _______________________

3. Meine Tochter möchte gern Schokolade essen.

_______________이 _______________을 _______________________

4. Mein Chef möchte gern singen.

_______________이 _______________________________________

5. Mein Freund möchte gern ins Konzert gehen.

_______________가 _______________에 _______________________

3 Antworten Sie auf die folgenden Fragen.

1. 무엇을 먹고 싶어요? (갈비) Was möchten Sie essen?

____

2. 어디에 가고 싶어요? (베를린) Wohin möchten Sie gehen?

____

3. 누구를 만나고 싶어요? (톰 크루즈) Wen möchten Sie treffen?

____

Verben: müssen / dürfen

Modalverb müssen

G11 Um eine Verpflichtung oder dringende Notwendigkeit, also „müssen", auszudrücken, wird an die Konverbal-
G12 form 야 하다/되다 [*ya hada/doeda*] angehängt und die passende Zeitform und Höflichkeitsstufe von 하다 gebildet.

Konverbalform + 야 하다/되다

Infinitiv	KV + 야 하다/되다	
보다 sehen	봐 + 야 하다	봐야 하다 muss / musst / müssen / müsst sehen
마시다 trinken	마셔 + 야 되다	마셔야 되다 muss / musst / müssen / müsst trinken
듣다 hören	들어 + 야 하다	들어야 하다 muss / musst / müssen / müsst hören
읽다 lesen	읽어 + 야 하다	읽어야 하다 muss / musst / müssen / müsst lesen

F: 무엇을 해야 합니까?
mueoseul haeya hamnikka
Was müssen Sie machen?

A: 전화를 해야 합니다.
jeonhwareul haeya hamnida
Ich muss telefonieren.

F: 무엇을 해야 돼요?
mueoseul haeya dwaeyo
Was müssen Sie machen?

A: 친구를 만나야 돼요.
chingureul mannaya dwaeyo
Ich muss meinen Freund treffen.

F: 어디에 가야 해요?
eodie gaya haeyo
Wo müssen Sie hingehen?

A: 회사에 가야 해요.
hoesae gaya haeyo
Ich muss in die Firma gehen.

F: 무엇을 읽어야 했어요?
mueoseul ilgeoya haesseoyo
Was mussten Sie lesen?

A: 신문을 읽어야 했어요.
sinmuneul ilgeoya haesseoyo
Ich musste die Zeitung lesen.

Modalverb dürfen

Um die Erlaubnis „dürfen" auszudrücken, wird an die Konverbalform 도 되다 [*do doeda*] angehängt.

Konverbalform + 도 되다

Infinitiv	KV + 도 되다	
보다 sehen	봐 + 도 되다	봐도 되다 darf / darfst / dürfen / dürft sehen
마시다 trinken	마셔 + 도 되다	마셔도 되다 darf / darfst / dürfen / dürft trinken
듣다 hören	들어 + 도 되다	들어도 되다 darf / darfst / dürfen / dürft hören
읽다 lesen	읽어 + 도 되다	읽어도 되다 darf / darfst / dürfen / dürft lesen

F: 질문해도 돼요?
jilmunhaedo dwaeyo
Darf ich eine Frage stellen?

A: 네, 하세요.
ne, haseyo
Ja, fragen Sie.

F: 담배를 피워도 돼요?
dambaereul piwodo dwaeyo
Darf ich rauchen?

A: 아니요, 안돼요.
aniyo andwaeyo
Nein, das geht nicht.

F: 음악을 들어도 돼요?
eumageul deureodo dwaeyo
Darf ich Musik hören?

A: 네, 들으세요.
ne, deureuseyo
Ja, hören Sie.

1 Bilden Sie die informelle Höflichkeitsform.

Infinitiv		Konverbalform	müssen	dürfen
오다	kommen	와	와야 해요	와도 돼요?
1. 주다	geben	줘		
2. 자다	schlafen	자		
3. 쓰다	schreiben	써		
4. 사다	kaufen	사		
5. 하다	machen	해		
6. 보다	sehen	봐		
7. 읽다	lesen	읽어		
8. 치다	schlagen	쳐		
9. 먹다	essen	먹어		
10. 마시다	trinken	마셔		

2 Bilden Sie mit den folgenden Wörtern Sätze.

밥 Reis　빵 Brot　운동 Sport　한국말 Koreanisch
물 Wasser　하다 machen　배우다 lernen　먹다 essen
마시다 trinken　사다 kaufen

Z.B.: Ich muss Taxi fahren. 택시를 타야 해요.

1. Ich muss Reis essen. ____________ 을 ____________
2. Ich muss Wasser trinken. ____________ 을 ____________
3. Ich muss Sport machen. ____________ 을 ____________
4. Wir müssen Brot kaufen ____________ 을 ____________
5. Ich muss Koreanisch lernen. ____________ 을 ____________

3 Bitten Sie mit folgenden Wörtern um Erlaubnis.

텔레비전 Fernseher　초콜릿 Schokolade　담배 Zigarette
피우다 rauchen　보다 sehen　먹다 essen　전화하다 anrufen

Z.B.: Darf ich schlafen? 자도 돼요?

1. Darf ich fernsehen? ____________
2. Darf ich rauchen? ____________
3. Darf ich Schokolade essen? ____________
4. Darf ich anrufen? ____________

Verben: Sollen wir ...?/Lasst uns ...

Vorschlag: Sollen wir...?

Die sprechende Person macht ihrem Gesprächpartner einen Vorschlag, indem sie an den Verbstamm (으) ㄹ 까요 [*eul kkayo*] anhängt. Die sprechende Person ist hier einbezogen.

- **Vvok** + ㄹ까요?

Infinitiv	Vvok + ㄹ까요	
가다 gehen	가 + ㄹ까요	갈까요 sollen wir gehen
마시다 trinken	마시 + ㄹ까요	마실까요 sollen wir trinken
주다 geben	주 + ㄹ까요	줄까요 sollen wir geben

- **Vkon** + 을까요?

Infinitiv	Vkon + 을까요	
먹다 essen	먹 + 을까요	먹을까요 sollen wir essen
읽다 lesen	읽 + 을까요	읽을까요 sollen wir lesen
받다 bekommen	받 + 을까요	받을까요 sollen wir bekommen

Aufforderung: Lasst uns...

Mit (으)ㅂ시다 [*eupsida*] wird eine höfliche Aufforderung an mehrere Personen ausgedrückt. Sie bezieht die sprechende Person mit ein.

- **Vvok** + ㅂ시다

Infinitiv	Vvok + ㅂ시다	
가다 gehen	가 + ㅂ시다	갑시다 lasst uns gehen
보다 sehen	보 + ㅂ시다	봅시다 lasst uns sehen
주다 geben	주 + ㅂ시다	줍시다 lasst uns geben

- **Vkon** + 읍시다

Infinitiv	Vkon + 읍시다	
먹다 essen	먹 + 읍시다	먹읍시다 lasst uns essen
읽다 lesen	읽 + 읍시다	읽읍시다 lasst uns lesen
받다 bekommen	받 + 읍시다	받읍시다 lasst uns bekommen

F: 언제 갈까요?
eonje galkkayo
Wann sollen wir gehen?

A: 지금 갑시다.
jigeum gapsida
Lasst uns jetzt gehen.

F: 무엇을 먹을까요?
mueoseul meogeulkkayo
Was sollen wir essen?

A: 비빔밥을 먹읍시다.
bibimbabeul meogeupsida
Lasst uns Bibimbap essen.

F: 어디에서 만날까요?
eodieseo mannalkkayo
Wo sollen wir uns treffen?

A: 백화점에서 만납시다.
baekwajeomeseo mannapsida
Lasst uns uns im Kaufhaus treffen.

F: 무엇을 살까요?
mueoseul salkkayo
Was sollen wir kaufen?

A: 빵하고 과일을 삽시다.
ppanghago gwaireul sapsida
Lasst uns Brot und Obst kaufen.

1 Bilden Sie die Vorschlags- und Aufforderungsform.

Infinitiv		Vorschlag	Aufforderung
가다	gehen	갈까요?	갑시다
1. 오다	kommen		
2. 보다	sehen		
3. 타다	fahren, eingsteigen		
4. 읽다	lesen		
5. 주다	geben		
6. 하다	machen		
7. 쓰다	schreiben		
8. 배우다	lernen		
9. 마시다	trinken		
10. 기다리다	warten		

2 Antworten Sie mit den angegebenen Wörtern.

Z.B.: A 어디에 갈까요? *eodie galkkayo* Wohin sollen wir gehen?
B (인사동): 인사동에 갑시다. *insadonge gapsida* Lasst uns nach Insadong gehen.

1. A 무엇을 먹을까요? Was sollen wir essen?
   B (갈비) ____________________
2. A 무엇을 마실까요? Was sollen wir trinken?
   B (맥주) ____________________
3. A 언제 만날까요? Wann sollen wir uns treffen?
   B (일요일) ____________________
4. A 어디에서 만날까요? Wo sollen wir uns treffen?
   B (백화점) ____________________
5. A 무엇을 할까요? Was sollen wir machen?
   B (테니스 치다) ____________________
6. A 무엇을 볼까요? Was sollen wir ansehen?
   B (한국영화 보다) ____________________
7. A 시작할까요? Sollen wir anfangen?
   B (시작하다) ____________________

Verben: Partizip Präsens

Partizip Präsens

Das Partizip Präsens wird gebildet, indem an den Verbstamm 는 [*neun*] oder (으) ㄴ [*eun*] angehängt wird. Es steht vor dem Nomen und dient dessen Beschreibung. Bei Eigenschaftsverben entspricht die Funktion des Partizip Präsens der eines Adjektivs. Das Nomen ist im Satz Subjekt oder Objekt. 는 wird im Präsens mit Vorgangsverben bzw. 있다 / 없다 verwendet. (으) ㄴ wird bei Eigenschaftsverben verwendet. Der Relativsatz existiert im Koreanischen nicht, stattdessen wird das Partizip Präsens verwendet.

Stamm des Vorgangsverbs + 는

Infinitiv	Verbstamm + 는	
가다 gehen	가 + 는	가는 *ganeun*
보다 sehen	보 + 는	보는 *boneun*
먹다 essen	먹 + 는	먹는 *meongneun*
맛있다 gut schmecken	맛있 + 는	맛있는 *masinneun*

커피를 마시는 사람 *keopireul masineun saram*
Die Person, die Kaffee trinkt. (wörtl.: die Kaffee trinkende Person)
김치를 좋아하는 사람 *gimchireul joahaneun saram*
Die Person, die Gimchi mag. (wörtl.: die Gimchi mögende Person)
재미있는 영화를 보는 토마스 *jaemiinneun yeonghwareul boneun tomaseu*
Thomas, der einen interessanten Film sieht. (wörtl.: der den interessanten Film sehende Thomas)

F: 누가 남동생이에요?
nuga namdongsaengieyo
Wer ist Ihr jüngerer Bruder?

A: 지금 음악을 듣는 사람이 남동생이에요.
jigeum eumageul deunneun sarami namdongsaengieyo
Die Person, die gerade Musik hört, ist mein jüngerer Bruder.

F: 무엇을 먹을까요?
mueoseul meogeulkkayo
Was sollen wir essen?

A: 맛있는 한국음식을 먹읍시다.
masinneun hangugeumsigeul meogeupsida
Lass uns leckeres (= gut schmeckendes) koreanisches Essen essen.

Stamm der Eigenschaftsverben + (으) ㄴ

Infinitiv	Vvok + ㄴ	
예쁘다 (hübsch sein)	예쁘 + ㄴ	예쁜 *yeppeun*
싸다 (billig sein)	싸 + ㄴ	싼 *ssan*

Infinitiv	Vkons + 은	
많다 (viel sein)	많 + 은	많은 *maneun*
작다 (klein sein)	작 + 은	작은 *jageun*

예쁜 옷을 사요.	*yeppeun oseul sayo*	Ich kaufe hübsche Kleidung.
토마스는 좋은 친구예요.	*tomaseuneun joeun chinguyeyo*	Thomas ist ein guter Freund.

F: 무엇을 봤어요?
mueoseul bwasseoyo
Was haben Sie gesehen?

A: 슬픈 영화를 봤어요.
seulpeun yeonghwareul bwasseoyo
Einen traurigen Film habe ich gesehen.

F: 누구를 만났어요?
nugureul mannasseoyo
Wen haben Sie getroffen?

A: 좋은 친구를 만났어요.
joeun chingureul mannasseoyo
Einen guten Freund habe ich getroffen.

1 Bilden Sie das Partizip Präsens.

Infinitiv		Partizip Präsens
가다	gehen	가는
1. 타다	fahren, einsteigen	
2. 읽다	lesen	
3. 재미있다	interessant sein	
4. 기다리다	warten	
5. 늦다	spät sein	
6. 아프다	krank sein	

2 Bilden Sie Sätze mit den folgenden Wörtern.

z.B.: (콜라, 마시다) 사람이 제 친구예요. (Cola trinken) die Person ist mein Freund.
콜라를 마시는 사람이 제 친구예요. Die Person, die Cola trinkt, ist mein Freund.

1. (불고기, 먹다) 사람이 독일친구예요. ______
(Bulgogi essen) die Person ist ein deutscher Freund.
2. (버스, 기다리다) 사람이 많아요. ______
(Bus warten) die Personen sind viele.
3. (한국사람, 좋아하다) 음식은 갈비예요. ______
(Koreaner mögen) das Gericht ist Galbi.
4. (시청에, 가다) 버스는 7021이에요. ______
(Zum Rathaus gehen) der Bus ist 7021.

3 Ergänzen Sie den Dialog mit den angegebenen Wörtern.

빠르다 schnell sein 많다 viel sein 비싸다 teuer sein
재미없다 uninteressant sein 작다 klein sein 크다 groß sein

Z.B. F: 어떤 차를 사고 싶어요? Was für ein Auto möchten Sie kaufen?
A: 큰 차를 사고 싶어요. Ich möchte ein großes Auto kaufen.

1. F: 어제 무슨 영화를 봤어요?
Was für einen Film haben Sie gesehen?
A: ______ 영화를 봤어요.
Ich sah einen uninteressanten Film.

2. F: 어떤 음악을 좋아해요?
Was für eine Musik mögen Sie?
A: ______ 음악을 좋아해요.
Ich mag schnelle Musik.

3. F: 생일파티를 해요?
Machen Sie eine Geburtstagsparty?
A: 네, ______ 파티를 해요.
Ja, ich mache eine kleine Party.

4. F: 사람들이 왔어요?
Sind Leute gekommen?
A: 네, ______ 사람들이 왔어요.
Ja, viele Menschen sind gekommen.

5. F: 무엇을 샀어요?
Was haben Sie gekauft?
A: ______ 시계를 샀어요.
Ich habe eine teure Uhr gekauft.

Satzverknüpfung: und / aber

Koordinative Satzverknüpfung: und

Die koordinative Satzverknüpfung wird gebildet, indem an den Verbstamm des ersten Satzes 고 [*go*] angehängt wird. Mit 고 können zwei oder mehrere Sätze mit „und" bzw. „und danach" verknüpft werden.

Verbstamm + 고

Infinitiv	Verbstamm + 고	
가다 gehen	가 + 고	가고 *gago*
보다 sehen	보 + 고	보고 *bogo*
먹다 essen	먹 + 고	먹고 *meokgo*
춥다 kalt sein	춥 + 고	춥고 *chupgo*
예쁘다 hübsch sein	예쁘 + 고	예쁘고 *yeppeugo*

저는 운동을 하고, 회사에 가요. *jeoneun undongeul hago hoesae gayo*
Ich mache Sport und danach gehe ich in die Firma.

밥을 먹고, 숙제를 해요. *babeul meokgo sukjereul haeyo*
Ich esse und danach mache ich die Hausaufgaben.

저는 커피 마시고, 친구는 차 마셔요. *jeoneun keopi masigo chinguneun cha masyeoyo*
Ich trinke Kaffee und mein Freund trinkt Tee.

이 옷은 싸고, 예뻐요. *i oseun ssago yeppeoyo*
Diese Kleidung ist billig und hübsch.

Gegensätzliche Satzverknüpfung: aber

Die gegensätzliche Satzverknüpfung wird gebildet, indem an den Verbstamm des ersten Satzes 지만 [*jiman*] angehängt wird. Mit 지만 kann man zwei kontrastive Sätze verknüpfen. Dies wird im Deutschen mit „aber" bzw. „zwar…, aber…" übersetzt.

Verbstamm + 지만

Infinitiv	Verbstamm + 지만	
가다 gehen	가 + 지만	가지만 *gajiman*
보다 sehen	보 + 지만	보지만 *bojiman*
먹다 essen	먹 + 지만	먹지만 *meokjiman*
춥다 kalt sein	춥 + 지만	춥지만 *chupjiman*
예쁘다 hübsch sein	예쁘 + 지만	예쁘지만 *yeppeujiman*

저는 가지만 친구는 안 가요. jeoneun gajiman chinguneun an gayo
Ich gehe, aber mein Freund geht nicht.

오늘 비는 오지만 등산해요. oneul bineun ojiman deungsanhaeyo
Heute regnet es, aber ich steige auf den Berg.

한국어는 어렵지만 재미있어요. *hangugeoneun eoryeopjiman jaemiisseoyo*
Koreanisch ist zwar schwierig, aber interessant.

빵은 비싸지만 과일은 싸요. *ppangeun bissajiman gwaireun ssayo*
Brot ist teuer, aber Obst ist billig.

1 Bilden Sie die Satzverknüpfungen „und" und „aber".

Infinitiv		und	aber
오다	kommen	오고	오지만
1. 먹다	essen		
2. 자다	schlafen		
3. 맵다	scharf sein		
4. 비싸다	teuer sein		
5. 예쁘다	hübsch sein		

2 Verknüpfen Sie die Sätze mit 고.

Z.B.: 저녁을 먹다. 쉬어요. Abend essen. Sich ausruhen.
저녁을 먹고, 쉬어요. Ich esse zu Abend und ruhe mich aus.

1. 한국어를 배우다. 일본어도 배워요. ______
   Koreanisch lernen. Auch Japanisch lernen.
2. 아침을 먹다. 회사에 가요. ______
   Frühstücken. In die Firma gehen.
3. 독일사람은 치즈를 좋아하다. 한국사람은 김치를 좋아해요. ______
   ______
   Deutsche mögen Käse. Koreaner mögen Gimchi.
4. 지하철이 싸다. 빨라요. ______
   Die U-Bahn ist billig. Sie ist schnell.
5. 7월에 덥다. 비가 많이 와요. ______
   Im Juli ist es heiß. Es regnet viel.

3 Verknüpfen Sie die Sätze mit 지만.

Z.B.: 날씨가 좋다. 일을 해요. Das Wetter ist gut. Ich arbeite.
날씨가 좋지만 일을 해요. Das Wetter ist gut, aber ich arbeite.

1. 바나나는 맛있다. 사과는 맛없어요. ______
   Bananen schmecken gut. Äpfel schmecken nicht.
2. 불고기는 먹다. 김치는 안 먹어요. ______
   Ich esse Bulgogi. Ich esse kein Gimchi.
3. 저는 서울에 살다. 가족은 부산에 살아요. ______
   Ich wohne in Seoul. Meine Familie wohnt in Busan.
4. 토마스는 맥주를 마시다. 저는 안 마셔요. ______
   Thomas trinkt Bier. Ich trinke nicht.

Satzverknüpfung: weil ..., da ... / wenn ...

Kausaler Nebensatz: weil / da

Im Koreanischen steht der Nebensatz grundsätzlich vor dem Hauptsatz. Der kausale Nebensatz (weil.../da...) wird gebildet, indem an die Konverbalform 서 [*seo*] angehängt wird. Der kausale Nebensatz mit 서 steht immer in der Gegenwart.

Konverbalform + 서

Infinitiv	Konverbalform + 서	
오다 kommen	와 + 서	와서 *waseo*
먹다 essen	먹어 + 서	먹어서 *meogeoseo*
아프다 krank sein	아파 + 서	아파서 *apaseo*
있다 haben, existieren	있어 + 서	있어서 *isseoseo*

비가 와서 산에 안 가요. *biga waseo sane an gayo* Weil es regnet, gehe ich nicht auf den Berg.
시간이 없어서 안 했어요. *sigani eopseoseo an haesseoyo*
Da ich keine Zeit hatte, habe ich es nicht gemacht.

F: 왜 안 먹어요?
wae an meogeoyo
Warum essen Sie nicht?

A: 배가 아파서 못 먹어요.
baega apaseo mot meogeoyo
Da ich Bauchschmerzen habe, kann ich nicht essen.

F: 왜 피곤해요?
wae pigonhaeyo
Warum sind Sie müde?

A: 어제 못 자서 피곤해요.
eoje mot jaseo pigonhaeyo
Weil ich gestern nicht schlafen konnte, bin ich müde.

Konditionaler Nebensatz: wenn

Der konditionale Nebensatz (wenn ...) wird gebildet, indem an den Verbstamm (으)면 [*eumyeon*] angehängt wird. Bei den instabilen Verben wie 덥다, 듣다, 살다, 짓다, 그렇다 treten Unregelmäßigkeiten auf.

Verbstamm + (으)면

Infinitiv	Vvok + 면	
가다 gehen	가 + 면	가면 *gamyeon*
예쁘다 hübsch sein	예쁘 + 면	예쁘면 *yeppeumyeon*

Infinitiv	Vkon + 으면	
먹다 essen	먹 + 으면	먹으면 *meogeumyeon*
맛있다 gut schmecken	맛있 + 으면	맛있으면 *masisseumyeon*

비가 오면 집에 있겠어요. *biga omyeon jibe itgesseoyo* Wenn es regnet, werde ich zu Hause bleiben.
배가 아프면 약을 먹어야 해요. *baega apeumyeon yageul meogeoya haeyo*
Wenn man Bauchschmerzen hat, muss man Medikamente einnehmen.

F: 날씨가 좋으면 같이 등산할까요?
nalssiga joeumyeon gachi deungsanhalkkayo
Wenn das Wetter schön ist, sollen wir bergsteigen?

A: 네, 좋아요.
ne joayo
Ja, schön.

F: 돈이 있으면 무엇을 하고 싶어요?
doni isseumyeon mueoseul hago sipeoyo
Was wollen Sie machen, wenn Sie Geld haben?

A: 여행을 하고 싶어요.
yeohaengeul hago sipeoyo
Ich will reisen.

1 Bilden Sie die kausale und konditionale Satzverknüpfung.

Infinitiv		kausal 서	konditional (으)면
오다	kommen	와서	오면
1. 가다	gehen		
2. 많다	viel sein		
3. 아프다	krank sein		
4. 비싸다	teuer sein		
5. 있다	da sein, haben		

2 Verknüpfen Sie die Sätze mit 서.

Z.B.: 커피를 안 마셔요. (배가 아프다) Ich trinke keinen Kaffee. (Bauchweh haben)
배가 아파서 커피를 안 마셔요. Da ich Bauchweh habe, trinke ich keinen Kaffee.

1. 등산 갈 수 없어요. (비가 많이 오다) ______
   Ich kann nicht bergsteigen (viel regnen)

2. 아이스크림 먹고 싶어요. (너무 덥다) ______
   Ich will Eiscreme essen. (zu heiß sein)

3. 피곤해요. (어제 술을 많이 마시다) ______
   Ich bin müde. (gestern viel Alkohol trinken)

4. 미안해요. (전화 못 하다) ______
   Ich entschuldige mich. (nicht anrufen können)

3 Verknüpfen Sie die Sätze mit (으)면.

Z.B.: 산책 갑시다. (날씨가 좋다) Lass uns spazieren. (Das Wetter gut sein)
날씨가 좋으면 산책 갑시다. Lass uns spazieren, wenn das Wetter schön ist.

1. 저도 안 가겠어요. (친구가 안 가다) ______
   Ich werde auch nicht gehen. (mein Freund geht nicht)

2. 집에서 텔레비전을 보겠어요. (비가 오다) ______
   Ich werde zu Hause fernsehen. (viel regnen)

3. 김치하고 불고기를 먹어 보겠어요. (한국에 가다) ______
   ______
   Ich werde Gimchi und Bulgogi probieren. (nach Korea gehen)

4. 부산에 가고 싶어요. (시간이 있다) ______
   Ich will nach Busan gehen. (Zeit haben)

Zahlen: Sinokoreanische Zahlen / Zahlwörter 1

Im Koreanischen gibt es zwei verschiedene Zahlenreihen: die sinokoreanischen Zahlen, die sich an das Chinesische anlehnen, und die (rein) koreanischen Zahlen. Sie werden mit unterschiedlichen Zahlwörtern benutzt. Die sinokoreanischen Zahlen sind:

Sinokoreanische Zahlen

0 공 *gong* / 영 *yoeng*

1	일	*il*	11	십일	*sibil*	1,000	천	*cheon*
2	이	*i*	20	이십	*isip*	10,000	만	*man*
3	삼	*sam*	30	삼십	*samsip*	100,000	십만	*simman*
4	사	*sa*	40	사십	*sasip*	1,000,000	백만	*baengman*
5	오	*o*	50	오십	*osip*	10,000,000	천만	*cheonman*
6	육	*yuk*	60	육십	*yuksip*	100,000,000	억	*eok*
7	칠	*chil*	70	칠십	*chilsip*			
8	팔	*pal*	80	팔십	*palsip*			
9	구	*gu*	90	구십	*gusip*			
10	십	*sip*	100	백	*baek*			

Beliebige sinokoreansiche Zahlen werden gebildet, indem man eine Zahl als Faktor ohne Leerzeichen vor die Grundzahl (Zehn, Einhundert, Tausend usw.) setzt und die niedrigere Einheit dahinter ohne Leerzeichen anfügt. Beispiel: 53 = 5 Zehn 3 = 오십삼 [*osipsam*] und 23353 = 2 Zehntausend 3 Tausend 3 Hundert 5 Zehn 3 = 이만삼천삼백오십삼 [*imansamcheonsambaekosipsam*].

Zahlwörter mit sinokoreanischen Zahlen

Die sinokoreanischen Zahlen werden vor allem mit den Zahlwörtern für Geldbeträge, Datum, Nummern (Telefon, Bus etc.) und Stockwerkangaben verwendet. Vorsicht: für Minuten- und Sekundenangaben verwendet man die sinokoreanische, für die Stunden allerdings die koreanische Zahlenreihe. G25

Preis 원 *won* Won	십 원 *sip won*, 오십 원 *osip won*, 백 원 *baek won*, 오백 원 *obaek won*, 천 원 *cheon won*, 오천 원 *ocheon won*, 만 원 *man won …*
유로 *yuro* Euro	일 유로 *il yuro*, 이 유로 *i yuro*, 오 유로 *o yuro*, 십 유로 *sip yuro …*
달러 *dalleo* Dollar	일 달러 *il dalleo*, 십 달러 *sip dalleo*, 이십 달러 *isip dalleo …*
Nummer 번 *beon*	일 번 *il beon*, 이 번 *i beon*, 삼 번 *sam beon*, 사 번 *sa beon …*
Etage 층 *cheung*	일 층 *il cheung*, 이 층 *i cheung*, 삼 층 *sam cheung*, 사 층 *sa cheung …*
Datum 년 Jahr	일 년 *il nyeon*, 이 년 *i nyeon*, 삼 년 *sam nyeon*, 사 년 *sa nyeon …*
월 Monat	일월 *irwol* Januar, 이월 *iwol* Februar, 삼월 *samwol* März, 사월 *sawol* April, 오월 *owol* Mai, 유월 *yuwol* Juni, 칠월 *chirwol* Juli, 팔월 *parwol* August, 구월 *guwol* September, 시월 *siwol* Oktober, 십일월 *sibirwol* November, 십이월 *sibiwol* Dezember
일 Tag	일 일 *il il*, 오 일 *o il*, 십 일 *sip il*, 이십 일 *isip il*, 삼십일 일 *samsibil il …*

Unregelmäßig sind 유월 Juni und 시월 Oktober.

1 Wie viel ist das?

1. 육 + 삼 + 구 = ______
2. 일 + 팔 + 십이 = ______
3. 이십오 − 사 − 십 = ______
4. 삼십 − 이십오 + 육 = ______
5. 칠 x 십 x 이 = ______
6. 팔십일 ÷ 구 ÷ 삼 = ______
7. 오십오 x 이 − 육십 = ______
8. 칠십칠 ÷ 십일 x 삼 = ______

2 Lesen und schreiben Sie auf Koreanisch. 얼마예요?

Z.B.: 10,000원: 만원입니다.

1. 600원 ______
2. 7,500원 ______
3. 98,700원 ______
4. 5,491,000원 ______

3 Markieren Sie die richtige Antwort.

1. 얼마입니까? Was kostet das?
   A ☐ 삼월 팔일입니다. B ☐ 오천오백원입니다. C ☐ 오층입니다.
2. 어디에 살아요? Wo wohnen Sie?
   A ☐ 십 층에 살아요. B ☐ 팔십삼유로입니다. C ☐ 칠백삼십번에 있어요.
3. 언제 부산에 가요? Wann fahren Sie nach Busan?
   A ☐ 사월에 가요. B ☐ 오백칠십삼달러에 가요. C ☐ 일번에 가요.
4. 몇 번 버스입니까? Welche Nummer hat der Bus?
   A ☐ 십이월에 와요. B ☐ 사백칠십일 번이에요. C ☐ 이십 사층이에요.

4 Bitte antworten Sie auf Koreanisch.

Z.B.: 제 생일은 구월 육일입니다.

1. 생일이 언제예요? (25. Mai 1973) ______
2. 크리스마스 (Weihnachten) 는 언제예요? ______
3. 몇 층에 살아요? (17) ______
4. 전화번호는 무엇입니까? (01-245-6789) ______

Zahlen: Koreanische Zahlen / Zahlwörter 2

Die koreanischen Zahlen lauten wie folgt:

Koreanische Zahlen

1	하나 (한)	*hana (han)*	11	열하나 (한)	*yeolhana (han)*
2	둘 (두)	*dul (du)*	20	스물 (스무)	*seumul (seumu)*
3	셋 (세/석)	*set (se/seok)*	30	서른	*seoreun*
4	넷 (네/넉)	*net (ne/neok)*	40	마흔	*maheun*
5	다섯	*daseot*	50	쉰	*swin*
6	여섯	*yeoseot*	60	예순	*yesun*
7	일곱	*ilgop*	70	일흔	*irheun*
8	여덟	*yeodeol*	80	여든	*yeodeun*
9	아홉	*ahop*	90	아흔	*aheun*
10	열	*yeol*			

Die koreanischen Zahlen werden von 1 – 99 verwendet. Bei einer Zahl, die höher als die jeweilige Zehnereinheit ist, wird die einstellige Zahl direkt angehängt, Beispiel: 56 = 쉰여섯 *swinyeoseot.*
In Verbindung mit einem Zahlwort werden die koreanischen Zahlen für 1 - 4 und 20 verkürzt. Die Zahlen 세 und 네 können durch 석 und 넉 ersetzt werden, wenn das Zahlwort mit ㄷ oder ㅈ beginnt.

Zahlwörter mit koreanischen Zahlen

Die Zahlen werden vor allem mit folgenden Zahlwörtern verwendet: Personenanzahl, Tiere, Gegenstände (Stück, Flaschen, Tassen, Bände, Blätter, Maschinen), Uhrzeit- und Stundenangaben.

Menschen 사람 *saram*	한 사람 *han saram,* 두 사람 *du saram,* 세 사람 *se saram,* 네 사람 *ne saram,* 다섯 사람 *daseot saram …*
명 *myeong* (neutral)	한 명 *han myeong,* 두 명 *du myeong,* 세 명 *se myeong …*
분 *bun* (honorativ)	한 분 *han bun,* 두 분 *du bun,* 세 분 *se bun,* 네 분 *ne bun …*
Gegenstände 개 *gae* (Stück)	사과 한 개 *sagwa han gae,* 사과 두 개 *sagwa du gae,* 사과 세 개 *sagwa se gae,* 사과 네 개 *sagwa ne gae …*
병 *byeong* (Flasche)	맥주 한 병 *maekju han byeong,* 맥주 두 병 *maekju du byeong …*
잔 *jan* (Tasse)	우유 세 잔/석 잔 *uyu se jan/seok jan,* 우유 네 잔/넉 잔 *uyu ne jan/neok jan …*
권 *gwon* (Buchband)	책 다섯 권 *chaek daseot gwon,* 책 여섯 권 *chaek yeoseot gwon*
장 *jang* (Blatt Papier)	종이 일곱 장 *jongi ilgob jang,* 종이 여덟 장 *jongi yeodeol jang …*
Maschinen 대 *dae*	자동차 한 대 *jadongcha han dae,* 자동차 두 대 *jadongcha du dae …*
Tiere 마리 *mari*	개 한 마리 *gae han mari,* 개 두 마리 *gae du mari …*
Alter 살 *sal*	열 살 *yeol sal,* 스무 살 *seumu sal,* 서른 살 *seoreun sal,* 마흔 살 *maheun sal,* 쉰 살 *swin sal,* 예순 살 *yesun sal …*

Beispiele für die Verkürzung der Zahlen in Verbindung mit einem Zahlwort: 한 사람, 두 병, 세 마리, 네 잔

1 Wie gehen diese Zahlenreihen weiter?

1. 둘 – 넷 – 여섯 … ______
2. 하나 – 셋 – 다섯… ______
3. 셋 – 여섯 – 아홉 … ______
4. 열 – 스물 – 서른 … ______
5. 쉰다섯 – 마흔넷 – 서른셋 … ______
6. 아흔아홉 – 여든여덟 – 일흔일곱 … ______

2 Markieren Sie die richtige Antwort.

1. 차를 얼마나 마셨어요? Wie viele Tassen Tee haben Sie getrunken?
   A ☐ 다섯 개 마셨어요. B ☐ 다섯 잔 마셨어요. C ☐ 다섯 대 마셨어요.
2. 한국사람이 많이 왔어요? Sind viele Koreaner gekommen?
   A ☐ 네 살 왔어요. B ☐ 네 병 왔어요. C ☐ 네 명 왔어요.
3. 몇 살이에요? Wie alt sind Sie?
   A ☐ 스물다섯 명이에요. B ☐ 서른세 살이에요. C ☐ 마흔 일곱 개예요.
4. 오렌지 얼마나 샀어요? Wie viele Orangen haben Sie gekauft?
   A ☐ 네 명 샀어요. B ☐ 다섯 분 샀어요. C ☐ 여섯 개 샀어요.
5. 컴퓨터 있어요? Haben Sie Computer?
   A ☐ 네, 두 대 있어요. B ☐ 네, 일곱 잔 있어요. C ☐ 네, 두 장 있어요.

3 Beantworten Sie die Fragen mit den Zahlen in der Klammer.

1. 가방을 몇 개 사요? (3) Wie viele Taschen kaufen Sie?

   ______

2. 맥주 얼마나 마셔요? (4) Wie viele Biere trinken Sie?

   ______

3. 고양이 몇 마리 있어요? (1) Wie viele Katzen haben Sie?

   ______

4. 사과와 바나나가 몇 개 있어요? (4, 5) Wie viele Äpfel und Bananen gibt es?

   ______

5. 자동차가 몇 대 있어요? (2) Wie viele Autos haben Sie?

   ______

6. 커피를 몇 잔 마셔요? (6) Wie viele Tassen Kaffee trinken Sie?

   ______

Sich begrüßen / Nach dem Befinden fragen / Sich verabschieden

12
▶ 안녕하세요? 이민수씨! *annyeonghaseyo iminsussi* Guten Tag, Herr Min-Su Lee!
▷ 안녕하세요? 박지영씨! *annyeonghaseyo bakjiyeongssi* Guten Tag, Frau Ji-Yeong Park!
▶ 어떻게 지내세요? *eotteoke jinaeseyo* Wie geht es Ihnen?
▷ 잘 지내요. 감사합니다. *jal jinaeyo gamsahamnida* Gut. Danke schön.

Im Koreanischen wird zuerst der Familienname angegeben, der meistens einsilbig ist, und dann der Vorname genannt. An den Vornamen wird dann 씨 [*ssi*] angehängt, was so viel bedeutet wie *Herr* oder *Frau*. Bei koreanischen Namen wird noch oft die alte Transkription angegeben.

Sich begrüßen

G8 Formell: 안녕하십니까? *annyeonghasimnikka* — Guten Morgen. / Guten Tag. / Guten Abend. (wörtl.: Leben Sie in Frieden?)

G13 Informell: 안녕하세요? *annyeonghaseyo* — Guten Morgen. / Guten Tag. / Guten Abend.

Informeller bzw. unter guten Bekannten grüßt man sich mit:
안녕! *annyeong* — Hi! / Hallo!

Nach dem Befinden fragen

Die Frage *Wie geht's?* lautet:
어떻게 지내세요? *eotteoke jinaeseyo* — Wie geht es Ihnen?
어떻게 지내? *eotteoke jinae* — Wie geht es dir?
(이민수)씨는요? *(iminsu)ssineunyo* — Und Ihnen (Min-Su Lee)?
너는? *neoneun* — Und dir?

Beantwortet wird diese Frage mit:
아주 잘 지내요. *aju jal jinaeyo* — Ausgezeichnet.
잘 지내요. jal jinaeyo — Gut.
그저 그래요. *geujeo geuraeyo* — Es geht so.

Sich verabschieden

Zum Abschied sagen Sie, wenn Sie den Ort verlassen:
Formell: 안녕히 계십시오. *annyeonghi gyesipsio* — Auf Wiedersehen!
Informell: 안녕히 계세요. *annyeonghi gyeseyo* — Auf Wiedersehen!

Wenn Sie bleiben, sagen Sie zum Gehenden:
Formell: 안녕히 가십시오. *annyeonghi gasipsio* — Auf Wiedersehen!
Informell: 안녕히 가세요. *annyeonghi gaseyo* — Auf Wiedersehen!
또 뵙겠습니다. *tto boepgesseumnida* — Wir sehen uns wieder.
또 만나요. *tto mannayo* — Bis gleich! (wörtl.: Wir treffen uns wieder.)

행운을 빌어요. *haenguneul bireoyo* — Viel Glück!

Treffen Sich zwei Personen auf der Straße, sagen sie beide beim Abschied zueinander
안녕히 가세요. [*annyeonghi gaseyo*]

1 Was sagen Sie zum Abschied und was zur Begrüßung? Ordnen Sie die Ausdrücke den entsprechenden Spalten zu.

안녕히 가세요. 안녕하세요? 잘 지내요. 안녕히 계세요!
안녕! 어떻게 지내세요? 또 뵙겠습니다. 행운을 빌어요.

Begrüßung	Befinden	Abschied

2 Die folgenden zwei Dialoge sind leider unvollständig. Können Sie sie vervollständigen?

Informell

1. ____________________, 민수!
2. 안녕, 지영!
3. ________________?
4. 그저 그래. __________?

Formell

5. ____________________? 이민수씨!
6. ____________________? 박지영씨!
7. ____________________?
8. 네, 잘 지내요. ____________________?

3 Begrüßen Sie folgende Personen. In manchen Fällen sind mehrere Begrüßungsformeln möglich.

1. einen Lehrer am Abend ____________________
2. einen unbekannten Menschen am Morgen ____________________
3. Ihre Freundin am Tage ____________________
4. Ihren Chef am Morgen ____________________
5. eine unbekannte Frau am Mittag ____________________

4 Wie geht es Ihnen? 잘 지내세요? Was antworten Sie auf diese Frage bei folgenden Gemütslagen?

1. (Es geht mir sehr gut.)

____

2. (Es geht mir gut.)

____

3. (Es geht so.)

____

Sich / jemanden vorstellen

13

▸ 안녕하세요?	*annyeonghaseyo*	Guten Tag!
제 소개를 하겠습니다.	*je sogaereul hagesseumnida*	Darf ich mich vorstellen?
제 이름은 이민수입니다.	*je ireumeun iminsuimnida*	Mein Name ist Min-Su Lee.
성함이 어떻게 되세요?	*seonghami eotteoke doeseyo*	Wie heißen Sie?
▹ 저는 박지영입니다.	*jeoneun bakjiyeongimnida*	Ich bin Ji-Yeong Park.
만나서 반갑습니다.	*mannaseo bangapseumnida*	Freut mich, Sie kennen zu lernen.
▸ 저도 만나서 반갑습니다.	*jeodo mannaseo bangapseumnida*	Gleichfalls.

Sich vorstellen

Wenn Sie sich vorstellen wollen, können Sie dies so einleiten:

제 소개를 하겠습니다. *je sogaereul hagesseumnida*	Darf ich mich vorstellen? (wörtl.: Ich werde mich vorstellen.)

Danach nennen Sie normalerweise Ihren eigenen Namen:

제 이름은 … 입니다. *je ireumeun … imnida*	Mein Name ist …
저는 … 입니다. *jeoneun … imnida*	Ich bin …

und fragen nach dem Namen Ihres Gesprächspartners:

성함이 어떻게 되세요? *seonghami eotteoke doeseyo*	Wie heißen Sie? / Wie ist Ihr Name?
이름이 뭐니? *ireumi mwoni*	Wie ist dein Name?

Jemanden vorstellen

G1
Bei der Vorstellung einer dritten Person sagen Sie:

…을 / 를 소개하겠습니다. *eul / reul sogaehagesseumnida*	Darf ich Sie miteinander bekannt machen?
…을 / 를 소개할게. *… eul / reul sogaehalge*	Darf ich euch miteinander bekannt machen?
소개해도 될까요? *sogaehaedo doelkkayo*	Darf ich vorstellen?
이 분은 … 씨입니다. *ibuneun …ssiimnida*	Das ist Herr / Frau … (Honorativ, siehe Infobox)
이 사람은 … 씨입니다. *isarameun …ssiimnida*	Das ist Herr / Frau …

Auf eine Vorstellung reagieren Sie mit:

만나서 반갑습니다. *mannaseo bangapseumnida*	Freut mich, Sie kennen zu lernen. (wörtl.: Weil ich Sie treffe, freue ich mich.)
저도 만나서 반갑습니다. *jeodo mannaseo bangapseumnida*	Gleichfalls.

Im Koreanischen nennt man bei der Vorstellung am besten die Position einer dritten Person z. B. 친구를 / 선생님을 / 사장님을 소개하겠습니다. [*chingureul / seonsaengnimeul / sajangnimeul sogaehagesseumnida*] (den Freund, den Lehrer, den Chef vorstellen). Wenn man jemanden kennen lernt, sagt man die Floskel 처음 뵙겠습니다. [*cheoeum boepgesseumnida*] (Ich sehe Sie zum ersten Mal). 성함 [*seongham*] ist die Honorativform von 이름 [*ireum*] (Name). 분 [*bun*] ist die Honorativform von 사람 [*saram*] (Mensch).

1 Nummerieren Sie die Sätze des Dialogs in der richtigen Reihenfolge.

1 안녕하세요?
☐ 제 이름은 이민수입니다.
☐ 제 소개를 하겠습니다.
☐ 성함이 어떻게 되세요?
☐ 저는 박지영입니다.
☐ 만나서 반갑습니다.

2 Min-Su Lee will sich mit Ihnen bekannt machen. Was antworten Sie?

Min-Su Lee:	**Sie:**
안녕하세요?	1. ______________________.
처음 뵙겠습니다. 저는 이민수입니다. 성함이 어떻게 되세요?	2. ______________________. 3. ______________________.
만나서 반갑습니다.	4. ______________________.

3 Jetzt wollen Sie sich vorstellen. Ergänzen Sie.

Sie:	Ji-Yeong Park:
1. ______________________.	안녕하세요?
2. __________ 이민수입니다. __________ 어떻게 __________?	저는 박지영입니다.
3. ______________________.	저도 만나서 반갑습니다.

4 Stellen Sie die folgenden Personen auf Koreanisch vor.

1. Ihren Chef:

____.

2. Ihre beste Freundin / Ihren besten Freund:

____.

3. Sich selbst:

____.

Kommunikation

Alter / Beruf / Adresse angeben

14
- ▶ 나이가 어떻게 되세요? *naiga eotteoke doeseyo* — Wie alt sind Sie?
- ▷ 저는 서른 살이에요. *jeoneun seoreun sarieyo* — Ich bin dreißig.
- ▶ 직업은 뭐예요? *jigeobeun mwoyeyo* — Was machen Sie beruflich?
- ▷ 저는 엔지니어예요. *jeoneun enjinieoyeyo* — Ich bin Ingenieur.
  저는 회사에서 일해요. *jeoneun hoesaeseo irhaeyo* — Ich arbeite in einer Firma.
- ▶ 주소가 어떻게 되세요? *jusoga eotteoke doeseyo* — Wie lautet Ihre Adresse?
- ▷ 서울시 서대문구 대신동 138번지예요. *seoulsi seodaemungu daesindong baeksamsippalbeonjiyeyo* — Daesin-dong 138, Seodaemun-gu, Seoul.

Alter angeben

	나이가 어떻게 되세요? *naiga eotteoke doeseyo*	Wie alt sind Sie?
G25	몇 살이야? *myot sariya*	Wie alt bist du?
	저는 … *jeoneun …*	Ich bin …
	스물 네 살이에요. *seumul ne sarieyo*	… 24 Jahre alt.
	아직 서른 살이 안 됐어요. *ajik seoreun sari an dwaesseoyo*	… noch keine 30.
	마흔 살이 됐어요. *maheun sari dwaesseoyo*	… gerade 40 geworden.
	곧 열 아홉 살이 돼요. *got yeol ahopsari dwaeyo*	Ich werde bald neunzehn sein.

Wenn man ältere Leute nach dem Alter fragt, wird statt 나이 … [*nai*] oft 연세가 어떻게 되세요? [*yeonsega eotteoke doeseyo?*] verwendet. Dies ist eine höflichere und ehrerbietende Form.

Angaben zum Beruf

	직업은 뭐예요? *jigeobeun mwoyeyo*	Was machen Sie beruflich?
	직업이 뭐니? *jigeobi mwoni*	Was machst du beruflich?
	무슨 일을 하세요? *museun ireul haseyo*	Welchen Beruf haben Sie?
	무슨 일을 하니? *museun ireul hani*	Welchen Beruf hast du?
	저는 선생이에요. *jeoneun seonsaengieyo*	Ich bin Lehrer/-in.
	저는 학생이에요. *jeoneun haksaengieyo*	Ich bin Schüler/-in.
	저는 대학생이에요. *jeoneun daehaksaengieyo*	Ich studiere. (wörtl.: Ich bin Student/-in)
	어디에서 일하세요? *eodieseo irhaseyo*	Wo arbeiten Sie?
G5	어디에서 일하니? *eodieseo irhani*	Wo arbeitest du?
	저는 회사에서 일해요. *jeoneun hoesaeseo irhaeyo*	Ich arbeite in einer Firma.
	학교에서 일해요. *hakgyoeseo irhaeyo*	Ich arbeite in einer Schule.
	연구소에서 일해요. *yeongusoeseo irhaeyo*	Ich arbeite in einem Institut.

Angaben zur Adresse

주소가 어떻게 되세요? *jusoga eotteoke doeseyo*	Wie ist Ihre Adresse?
주소가 어떻게 되니? *jusoga eotteoke doeni*	Wie ist deine Adresse?
제 주소는 서울시 서대문구. *je jusoneun seoulsi seodaemungu* 대신동 138번지예요. *daesindong baeksambippalbeonjiyeyo*	Meine Adresse ist Daesin-dong 138. Seodaemun-gu, Seoul.
저는 분당에 살아요. *jeoneun bundange sarayo*	Ich wohne in Bundang.

1 Eine Person wird nach ihrem Alter, Beruf und ihrer Adresse befragt. Ordnen Sie den Fragen die Antworten zu.

1. 직업이 뭐예요?
2. 나이가 어떻게 되세요?
3. 주소가 어떻게 되세요?
4. 어디에서 일하세요?
5. 몇 살이야?

A 서른 두 살입니다.
B 독일회사에서 일해요.
C 열 여섯 살이야.
D 의사예요.
E 서울시 강남구 역삼동 74번지예요.

Können Sie diese Fragen für sich selbst beantworten? Versuchen Sie es! In W2 und G25 finden Sie Wörter, die Ihnen helfen.

2 Wie drücken Sie folgende Altersangaben aus? Kreuzen Sie an. G25

1. Ich bin zwanzig Jahre alt.
   A ☐ 저는 이십입니다.
   B ☐ 저는 스무 살입니다.
   C ☐ 저는 이십 살입니다.
2. Ich bin gerade vierzig geworden.
   A ☐ 저는 막 마흔 살이 됐어요.
   B ☐ 저는 벌써 사십 살이 됐어요.
   C ☐ 저는 아직 서른 살이 됐어요.
3. Ich werde dreiunddreißig sein.
   A ☐ 저는 서른 세 살이 됐어요.
   B ☐ 저는 삼십삼 살이 됐어요.
   C ☐ 저는 서른 세 살이 돼요.

3 Übersetzen Sie diese Fragen ins Koreanische.

1. Wie alt sind Sie?

   ______________________________.
2. Wie alt bist du?

   ______________________________.
3. Wie ist Ihre Adresse?

   ______________________________.
4. Was machen Sie beruflich?

   ______________________________.
5. Wo arbeiten Sie?

   ______________________________.

Nationalität / Herkunft / Wohnort angeben

15

▶	독일 사람이세요?	*dogil saramiseyo*	Sind Sie Deutsche/-r?
▷	네, 저는 독일에서 왔어요.	*ne jeoneun dogireseo wasseoyo*	Ja, ich komme aus Deutschland.
	박지영씨는요?	*bakjiyeongssineunyo*	Und Sie, Frau Ji-Yeong Park?
▶	저는 한국 사람이에요.	*jeoneun hanguk saramieyo*	Ich bin Koreanerin.
	어디에 사세요?	*eodie saseyo*	Wo wohnen Sie?
▷	저는 베를린에 살아요.	*jeoneun bereulline sarayo*	Ich wohne in Berlin.
	박지영씨는요?	*bakjiyeongssineunyo*	Und Sie, Frau Ji-Yeong Park?
▶	저는 서울에 살아요.	*jeoneun seoure sarayo*	Ich wohne in Seoul.

Nationalität / Herkunft angeben

어느 나라 사람이세요?	*eoneu nara saramiseyo*	Welche Nationalität haben Sie?
어느 나라 사람이니?	*eoneu nara saramini*	Welche Nationalität hast du?
독일 사람이세요?	*dogil saramiseyo*	Sind Sie Deutsche/-r?
독일 사람이니?	*dogil saramini*	Bist du Deutsche/-r?

↑W3

저는 …	*jeoneun*	Ich bin
한국 사람이에요.	*hanguk saramieyo*	… Koreaner/-in.
영국 사람이에요.	*yeongguk saramieyo*	… Engländer/-in.
프랑스 사람이에요.	*peurangseu saramieyo*	… Franzose/Französin.

↑G5

어디에서 왔어요?	*eodieseo wasseoyo*	Wo kommen Sie her?
어디에서 왔니?	*eodieseo wanni*	Wo kommst du her?
미국에서 왔어요?	*migugeseo wasseoyo*	Kommen Sie aus Amerika?
일본에서 왔니?	*ilboneseo wanni*	Kommst du aus Japan?

Ihr Herkunftsland geben Sie mit der Postposition 에서 [*eseo*] an. 저는 영국/프랑스에서 왔어요. [*jeoneun yeongguk/peurangseueseo wasseoyo.*] (Ich komme aus England/Frankreich.)

Angaben über den Wohnort machen

↑G13

어디에(서) 사세요?	*eodie(seo) saseyo*	Wo wohnen Sie?
어디에(서) 사니?	*eodie(seo) sani*	Wo wohnst du?

Bei einem kurzen Aufenthalt z.B. in einem Hotel

어디에서 지내세요?	*eodieseo jinaeseyo*	Wo wohnen Sie?
어디에서 지내니?	*eodieseo jinaeni*	Wo wohnst du?
베를린에(서) 살아요.	*bereulline(seo) sarayo*	Ich wohne in Berlin.
조선호텔에서 지내요.	joseonhotereseo jinaeyo	Ich wohne im Hotel „Joseon“.
도시에(서) 살아요.	*dosie(seo) sarayo*	Ich wohne in der Stadt.
시골에(서) 살아요.	*sigore(seo) sarayo*	Ich wohne auf dem Land.
부모님 댁에(서) 살아요.	*bumonim daege(seo) sarayo*	Ich wohne bei meinen Eltern.
친구 집에(서) 살아요.	*chingu jibe(seo) sarayo*	Ich wohne bei Freunden.

Im Koreanischen wird man oft nach der Heimat gefragt. 고향이 어디세요? [*gohyangi eodiseyo?*] (Wo ist Ihre Heimat?) 제 고향은 서울이에요. [*je gohyangeun seourieyo.*] (Meine Heimat ist Seoul.)

1 Wie fragen Sie nach …? Bitte ordnen Sie zu.

1. Frage nach dem Wohnort
2. Frage nach der Nationalität
3. Frage nach dem Herkunftsland
4. Frage nach Deutschland als Herkunftsland
5. Frage nach dem kurzfristigen Aufenthaltsort

A 어느 나라 사람이세요?
B 독일에서 왔어요?
C 어디에서 왔어요?
D 어디에서 지내세요?
E 어디에서 사세요?

2 Woher kommen diese Personen und welche Nationalität haben sie? Schreiben Sie über die jeweilige Person nach dem vorgegebenen Muster.

W3

이민수씨는 한국 사람이에요. 서울에 살아요.	Min-Su Lee Seoul, Korea
1. Angela Merkel 씨는 ________. ________.	Angela Merkel Berlin, Deutschland
2. Barbara 씨는 ________. ________.	Barbara Smith L.A., Amerika
3. Mamiko 씨는 ________. ________.	Mamiko Noto Osaka, Japan

3 Bilden Sie aus diesen Wörtern die vorgegebenen Sätze.

한국에서 호텔에서 친구 집에서 서울에서
부모님 댁에서 지내요 살아요 왔어요

1. Ich wohne in Seoul.

________________.

2. Ich wohne in einem Hotel.

________________.

3. Ich komme aus Korea.

________________.

4. Ich wohne bei Freunden.

________________.

5. Ich wohne bei meinen Eltern.

________________.

Über die Familie sprechen

16
▸ 가족이 몇 명이세요? *gajogi myeot myeongiseyo* — Wie viele Menschen gibt es in Ihrer Familie?
▹ 모두 여섯이에요. *modu yeoseosieyo* — Wir sind zusammen 6 Personen.
아버지, 어머니, 형 하나, 누나 하나 *abeoji eomeoni hyeong hana nuna hana* — Ich habe einen Vater, eine Mutter, einen älteren Bruder, eine ältere Schwester
그리고 남동생 하나가 있어요. *geurigo namdongsaeng hanaga isseoyo* — und einen jüngeren Bruder.
형은 결혼 안 했어요. *hyeongeun gyeorhon an haesseoyo* — Mein älterer Bruder ist nicht verheiratet.
누나는 결혼했어요. *nunaneun gyeorhonhaesseoyo* — Meine ältere Schwester ist verheiratet.
아이가 둘 있어요. *aiga dul isseoyo* — Sie hat zwei Kinder.
남동생은 아직 학생이에요. *namdongsaengeun ajik haksaengieyo* — Mein jüngerer Bruder ist noch Student.

In diesem Dialog beantwortet ein Mann die Frage nach seiner Familie. 누나 [*nuna*] bezeichnet die ältere Schwester eines Mannes und 형 [*hyeong*] den älteren Bruder eines Mannes. Bei einer Frau bezeichnet 언니 [*eonni*] die ältere Schwester und 오빠 [*oppa*] den älteren Bruder. Vgl. W4.

Familienverhältnisse erfragen

가족이 몇 명이세요? *gajogi myeot myeongiseyo*	Wie viele Menschen gibt es in Ihrer Familie?
있어요/있어? *isseoyo/isseo*	Haben Sie…/ Hast du…?
남편/아내 … *nampyeon/anae*	… einen Mann/eine Frau?
형제/아이 … *hyeongje/ai*	… Geschwister/Kinder?
아들/딸 … *adeul/ttal*	… einen Sohn/eine Tochter?
아이가 몇 명 있어요? *aiga myeot myeong isseoyo*	Wie viele Kinder haben Sie?
결혼했어요/결혼했어? *gyeorhonhaesseoyo/gyeorhonhaesseo*	Sind Sie/Bist du verheiratet?
이혼했어요/이혼했어? *ihonhaesseoyo/ihonhaesseo*	Sind Sie/Bist du geschieden?

Familienverhältnisse beschreiben

W4
G25

누나가 하나 있어요. *nunaga hana isseoyo*	Ich (ein Mann) habe eine ältere Schwester.
언니가 하나 있어요. *eonniga hana isseoyo*	Ich (eine Frau) habe eine ältere Schwester.
여동생이 둘 있어요. *yeodongsaengi dul isseoyo*	Ich habe zwei jüngere Schwestern.
형이 둘 있어요. *hyeongi dul isseoyo*	Ich (ein Mann) habe zwei ältere Brüder.
오빠가 둘 있어요. *oppaga dul isseoyo*	Ich (eine Frau) habe zwei ältere Brüder.
남동생이 셋 있어요. *namdongsaengi set isseoyo*	Ich habe drei jüngere Brüder.
딸 둘하고 아들 하나 있어요. *ttal durhago adeul hana isseoyo*	Ich habe zwei Töchter und einen Sohn.
아내/남편이 있어요. *anae/nampyeoni isseoyo*	Ich habe eine Frau/einen Mann.
아내/남편이 없어요. *anae/nampyeoni eopseoyo*	Ich habe keine Frau/keinen Mann.

1 Welche Sätze drücken das Gleiche aus? Kreuzen Sie an.

1. 결혼했어요.
   A ☐ 동생이 있어요.
   B ☐ 남편이 있어요.
   C ☐ 형이 있어요.

2. 아이가 있어요.
   A ☐ 딸이 있어요.
   B ☐ 언니가 있어요.
   C ☐ 아내가 있어요.

3. 동생이 있어요.
   A ☐ 언니가 있어요.
   B ☐ 누나가 있어요.
   C ☐ 남동생이 있어요.

2 Hier sehen Sie vier Antworten. Wie heißen die Fragen dazu?
z.B. Frage: 결혼했어요? – Antwort: 네, 결혼했어요.

1. ______________________? 네, 아들이 둘 있어요.
2. ______________________? 누나가 있어요.
3. ______________________? 아니요, 결혼 안 했어요.
4. ______________________? 아니요. 딸이 없어요.
5. ______________________? 모두 넷이에요.

3 Wie würde Min-Su Lee (der Vater) seine Familie beschreiben? Vervollständigen Sie die Sätze. Die Infobox links hilft Ihnen.

1. Min-Su Lee hat einen Sohn und eine Tochter.
   ______________________.
2. Min-Su Lee hat eine Frau.
   ______________________.
3. Min-Su Lee hat einen älteren Bruder und eine ältere Schwester.
   ______________________.
4. Min-Su Lee hat einen jüngeren Bruder.
   ______________________.
5. Min-Su Lee hat zwei jüngere Schwestern.
   ______________________.

4 Und wie sieht Ihre Familie aus? Beschreiben Sie sie. Wenn Ihnen Wörter fehlen, schauen Sie sich auch das Thema „Familie" in W4 an.

우리 가족은 ______________________

______________________.

Sich entschuldigen / Um etwas bitten / Sich bedanken

17	► 실례합니다. *sillyehamnida*	Entschuldigen Sie!
	지금 몇 시예요? *jigeum myeot siyeyo*	Wie spät ist es?
	▷ 지금 열 시예요. *jigeum yeol siyeyo*	Jetzt ist es 10 Uhr.
	► 감사합니다. *gamsahamnida*	Vielen Dank!
	▷ 천만에요. *cheonmaneyo*	Bitte sehr!

Sich entschuldigen

Wenn man jemanden anspricht, sagt man:

실례합니다. *sillyehamnida*	Entschuldigen Sie.

Wenn Sie sich für etwas entschuldigen möchten:

미안합니다. *mianhamnida*	Entschuldigung.
죄송합니다. *joesonghamnida*	Verzeihung.
늦어서 미안합니다. *neujeoseo mianhamnida*	Entschuldigung, dass ich zu spät bin.
방해해서 죄송합니다. *banghaehaeseo joesonghamnida*	Verzeihung, dass ich Sie gestört habe.

Als eine höfliche Reaktion auf eine Entschuldigung sagt man:

괜찮아요. *gwaenchanayo*	Nicht der Rede wert! / Macht nichts!

Um etwas bitten

Eine direkte Bitte drücken Sie so aus:

G16	… 말해 주세요. *… marhae juseyo*	Bitte sagen Sie mir … !
	… 보여 주세요. *… boyeo juseyo*	Bitte zeigen Sie mir … !
	… 설명해 주세요. *… seolmyeonghae juseyo*	Bitte erklären Sie mir … !
	… 주세요. *… juseyo*	Bitte geben Sie mir … !

Eine höfliche Bitte drücken Sie so aus:

도와 줄 수 있어요? *dowa jul su isseoyo*	Könnten Sie mir helfen?
… 말해 줄 수 있어요? *… marhae jul su isseoyo*	Könnten Sie mir … sagen?
… 보여 줄 수 있어요? *… boyeo jul su isseoyo*	Könnten Sie mir … zeigen?
… 설명해 줄 수 있어요? *… seolmyeonghae jul su isseoyo*	Könnten Sie mir … erklären?
… 줄 수 있어요? *… jul su isseoyo*	Könnten Sie mir … geben?

Unter guten Bekannten reicht auch die Konverbalform der Verben:

G11	… 말해 줘. *… marhae jwo*	Bitte sag mir …!
G12	… 보여 줘. *… boyeo jwo*	Bitte zeig mir …!
	… 줘. *… jwo*	Bitte gib mir …!

Sich bedanken

Sie bedanken sich mit:

고맙습니다. *gomapseumnida* (koreanisch)	Danke! / Vielen Dank!
감사합니다. *gamsahamnida* (sinokoreanischer Ursprung)	Danke! / Vielen Dank!

Höfliche Reaktionen auf einen Dank sind:

천만에요. *cheonmaneyo*	Bitte! / Bitte sehr!
별 말씀을요. *byeol malsseumeuryo*	Keine Ursache!

1 Welche Ausdrücke gehören wohin? Ordnen Sie zu.

고맙습니다 미안합니다 실례합니다 천만에요
별 말씀을요 감사합니다 괜찮아요 죄송합니다

Entschuldigungen	Bedanken

2 Wie lautet die höfliche Reaktion auf die folgenden Aussagen? Ergänzen Sie in den Sprechblasen.

1. 죄송합니다.

3. 늦어서 미안합니다.

2. 감사합니다.

4. 고맙습니다.

3 Wie formulieren Sie folgende Bitten direkt und höflich?.

말해 줄 수 있어요 줄 수 있어요 보여 주세요 보여 줄 수 있어요
설명해 주세요 몇 시예요 설명해 줄 수 있어요 주세요

Sie wollen, dass jemand Ihnen die Zeitung gibt.

A Direkte Bitte: 신문을 ______________________.

B Höfliche Bitte: 신문을 ______________________?

Sie möchten gerne wissen, wie spät es jetzt ist.

C Direkte Bitte (Frage): 지금 ______________________?

D Höfliche Bitte: 지금 몇 시인지 ______________________?

Sie wollen gerne Fotos ansehen.

E Direkte Bitte: 사진을 ______________________.

F Höfliche Bitte: 사진을 ______________________?

Sie wollen, dass jemand Ihnen etwas erklärt.

G Direkte Bitte: ______________________.

H Höfliche Bitte: ______________________?

Sprachkenntnisse angeben / Missverständnisse klären

18

▶ 한국어를 잘 하시네요. *hangugeoreul jal hasineyo* — Sie sprechen aber gut Koreanisch!
▷ 고맙습니다. *gomapseumnida* — Danke.
독일어 하세요? *dogireo haseyo* — Sprechen Sie Deutsch?
▶ 아니요. 그렇지만 영어는 조금 해요. *aniyo geureochiman yeongeoneun jogeum haeyo* — Nein. Aber ich spreche ein bisschen Englisch.

Sprachkenntnisse angeben

Nach den Sprachkenntnissen einer Person erkundigen Sie sich so:

한국어 하세요? *hangugeo haseyo* — Sprechen Sie Koreanisch?
한국어 하니? *hangugeo hani* — Sprichst du Koreanisch?
독일어 할 수 있어요? *dogireo hal su isseoyo* — Können Sie Deutsch?
독일어 할 수 있니? *dogireo hal su inni* — Kannst du Deutsch?

Mögliche Antworten darauf sind:

네, 독일어 해요. *ne dogireo haeyo* — Ja, ich spreche Deutsch …
(아주) 잘 해요. *(aju) jal haeyo* — (sehr) gut.
조금 해요. *jogeum haeyo* — ein bisschen.
못 해요. *mot haeyo* — schlecht.
중국어는 조금 할 수 있어요 *junggugeoneun jogeum hal su isseoyo* — Ich kann ein bisschen Chinesisch.
G17 … 전혀 못 해요. *jeonhyeo mot haeyo* — Leider kann ich überhaupt kein …

Sprachliche Missverständnisse klären

Spricht man eine Sprache noch nicht so gut, kommt es leicht zu sprachbedingten Missverständnissen. So äußern Sie Ihre Verständigungsprobleme auf Koreanisch:

미안합니다. *mianhamnida* — Entschuldigung.
죄송합니다. *joesonghamnida* — Verzeihung.
잘 모르겠어요. *jal moreugesseoyo* — Ich habe das nicht verstanden.
잘 못 들었어요. *jal mot deureosseoyo* — Ich habe das nicht gut gehört.

G16 다시 한번 말해 주세요. *dasi hanbeon marhae juseyo* — Bitte wiederholen Sie.
천천히 말해 주세요. *cheoncheonhi marhae juseyo* — Bitte sprechen Sie langsam.
좀 더 천천히 말해 주세요. *jom deo cheoncheonhi marhae juseyo* — Bitte sprechen Sie langsamer.

… 가 무슨 뜻인지 모르겠어요. *… ga museun tteusinji moreugesseoyo* — Ich weiß nicht, was das Wort … bedeutet.
… 가 무슨 뜻인지 설명해 줄 수 있어요? *… ga museun tteusinji seolmyeonghae jul su isseoyo* — Können Sie mir erklären was … bedeutet?
… 가 한국어로 뭐예요? *… ga hangugeoro mwoyeyo* — Was heißt … auf Koreanisch?

1 Setzen Sie die vorgegebenen Wörter in die richtige Lücke ein.

전혀 잘 아주 조금

1. 독일어 __________ 못 해요. Ich spreche überhaupt kein Deutsch.
2. 한국어 __________하세요? Sprechen Sie ein bisschen Koreanisch?
3. 영어 __________ 해요. Ich spreche gut Englisch.
4. 일본어 __________해요. Ich spreche ein bisschen Japanisch.
5. 한국어 __________해요. Ich spreche sehr gut Koreanisch.
6. 중국어 __________ 못 해요. Ich spreche überhaupt kein Chinesisch.
7. 프랑스어 __________ 해요? Sprechen Sie gut Französisch?

2 Min-Su Lee lernt verschiedene Sprachen. Wie würden Sie seine Sprachkenntnisse auf Koreanisch bewerten? Ergänzen Sie.

1. 이민수씨는 일본어를 ________________ 해요.
2. 이민수씨는 독일어를 ________________ 해요.
3. 이민수씨는 영어를 ________________해요.
4. 이민수씨는 중국어를 ________________ 해요.
5. 이민수씨는 스페인어를 ________________ 해요.

Japanisch: 1,0
Deutsch: 2,0
Englisch: 3,0
Chinesisch: 4,0
Spanisch: keine Kenntnisse

3 Welche Sätze würden Sie in welcher Situation benutzen? Ordnen Sie zu.

1. Ihr Gesprächspartner spricht zu schnell. Sie wollen, dass er langsam spricht.
2. Sie haben das Gesagte nicht gut gehört.
3. Sie wollen, dass Ihr Gesprächspartner das Gesagte wiederholt.
4. Sie haben nicht verstanden, was gesagt wurde.
5. Sie wissen nicht, was ein bestimmtes Wort bedeutet.
6. Sie wollen wissen, was ein bestimmtes Wort auf Koreanisch heißt.
7. Sie wollen, dass Ihr Gesprächspartner noch langsamer spricht.

A 잘 모르겠어요.
B 좀 더 천천히 말해 주세요.
C 한국어로 뭐예요?
D 다시 한번 말해 주세요.
E 무슨 뜻인지 모르겠어요.
F 잘 못 들었어요.
G 천천히 말해 주세요.

Über Gewohnheiten / Vorlieben / Abneigungen sprechen

19

► 뭘 즐겨 하니? *mwol jeulgyeo hani*	Was machst du gerne?
▷ 축구를 즐겨 해. *chukgureul jeulgyeo hae*	Ich spiele sehr gerne Fußball.
자주 축구 하러 가. *jaju chukgu hareo ga*	Ich gehe häufig zum Fußballspielen.
► 너는 뭘 제일 좋아해? *neoneun mwol jeil joahae*	Und was magst du am liebsten?
▷ 여행을 제일 좋아해. *yeohaengeul jeil joahae*	Ich reise am liebsten.
보통 여름에 여행을 다녀. *botong yeoreume yeohaengeul danyeo*	In der Regel verreise ich im Sommer.
► 뭘 안 좋아하니? *mwol an joahani*	Und was magst du nicht so gerne?
▷ 야구는 안 좋아해. *yaguneun an joahae*	Ich mag Baseball nicht.

Gewohnheiten beschreiben

Gewohnheiten werden häufig mit allgemeinen Zeitangaben wie z. B. 아침에 [*achime*] morgens, 주말에 [*jumare*] an Wochenenden, 월요일에 [*woryoire*] montags und / oder den folgenden Adverbien ausgedrückt:

언제나 / 항상 *eonjena / hangsang*	immer
자주 *jaju*	häufig
가끔 *gakkeum*	manchmal
보통 *botong*	in der Regel

언제나 수영을 해요. *eonjena suyeongeul haeyo*	Ich schwimme immer.
우리는 자주 극장에 가요. *urineun jaju geukjange gayo*	Wir gehen häufig ins Theater / Kino.
보통 버스로 가요. *botong beoseuro gayo*	Normalerweise fahre ich mit dem Bus.

Vorlieben / Abneigungen ausdrücken

Vorlieben werden im Koreanischen mit dem Verb 좋아하다 [*joahada*] und Abneigungen mit 싫어하다 [*sireohada*] beschrieben. Wenn man etwas am liebsten mag, sagt man 제일 / 가장 [*jeil / gajang*] G6 좋아하다 [*joahada*], wenn man etwas am meisten hasst 제일 / 가장 [*jeil / gajang*] 싫어하다 [*sireohada*]. Wenn man etwas überhaupt nicht mag, 전혀 [*jeonhyeo*] + Negation (z. B. 안 좋아하다).

한국영화를 제일 좋아해요. *hangugyeonghwareul jeil joahaeyo*	Ich mag den koreanischen Film am liebsten.
독일음악을 가장 좋아해요. *dogireumageul gajang joahaeyo*	Ich mag deutsche Musik am liebsten.
등산을 (아주) 좋아해요. *deungsaneul (aju) joahaeyo*	Ich mag das Bergsteigen (sehr).
수영을 조금 좋아해요. *suyeongeul jogeum joahaeyo*	Ich mag Schwimmen ein bisschen.
축구를 안 좋아해요. *chukgureul an joahaeyo*	Ich mag Fußball nicht.
야구를 전혀 안 좋아해요. *yagureul jeonhyeo an joahaeyo*	Ich mag Baseball überhaupt nicht.
테니스를 싫어해요. *teniseureul sireohaeyo*	Ich hasse Tennis.

Was sind die Lieblingsbeschäftigungen der Koreaner/-innen? Viele mögen 등산 [*deungsan*] (Bergsteigen), 축구 [*chukgu*] (Fußball), 야구 [*yagu*] (Baseball) oder 영화 [*yeonghwa*] (Film).
Seit der Fußballweltmeisterschaft 2002 in Korea und Japan ist Fußball die absolute Lieblingssportart in Korea geworden. Außerdem gibt es in Korea viele Berge, in denen gerade auch ältere Koreaner/-innen gerne wandern. Das Bergwandern wird in Unternehmen auch zum gemeinsamen sportlichen Ausgleich eingesetzt.

1 Können Sie diese Sätze vervollständigen?

조금 아주 제일 / 가장 전혀

1. 한국사람들은 등산을 ____________ 좋아해요. Koreaner mögen das Bergsteigen am liebsten.
2. 영화를 ____________ 좋아해요. Ich mag Kino ein bisschen.
3. 조깅을 ____________ 싫어해요. Ich hasse Jogging am meisten.
4. 축구를 ____________ 좋아해요. Ich mag Fußball sehr.
5. 골프를 ____________ 안 좋아해요. Ich mag Golf überhaupt nicht.
6. 수영을 ____________ 좋아해요. Ich mag Schwimmen am liebsten.

2 Diese Sätze drücken Vorlieben aus. Formen Sie sie in Abneigungen um.

1. 축구를 아주 좋아해요. ______________________________.
2. 한국사람들은 등산을 제일 좋아해요. ______________________________.
3. 저는 스포츠를 좋아해요. ______________________________.
4. 한국사람들은 영화를 가장 좋아해요. ______________________________.

3 Hier sehen Sie die Liste mit den Vorlieben und Abneigungen von Thomas. Bringen Sie die Sätze in die Reihenfolge von 1. „mag" bis 6. „mag überhaupt nicht".

☐ 토마스는 여행을 조금 좋아해요.
☐ 토마스는 조깅을 아주 좋아해요.
☐ 토마스는 등산을 전혀 안 좋아해요.
☐ 토마스는 야구를 제일 좋아해요.
☐ 토마스는 테니스를 싫어해요.
☐ 토마스는 쇼핑을 제일 싫어해요.

4 Sehen Sie sich diese Sätze an. Können Sie sie so umformulieren, dass sie Gewohnheiten ausdrücken? Benutzen Sie die vorgegebenen Wörter.

자주 보통 가끔 언제나

1. 주말에 ____________ 등산을 해요. Am Wochenende gehe ich immer Bergsteigen.
2. 여름에 ____________ 여행을 다녀요. Ich reise häufig im Sommer.
3. 영화를 ____________ 봐요. Ich sehe manchmal Filme.
4. 주말에 ____________ 쇼핑을 해요. Am Wochenende gehe ich in der Regel shoppen.
5. 축구를 ____________ 해요. Ich spiele häufig Fußball.

Am Telefon

20

▶ 여보세요. *yeoboseyo*	Ja, hallo?
▷ 안녕하세요? *annyeonghaseyo*	Guten Tag.
이 민수씨 계세요? *iminsussi gyeseyo*	Kann ich bitte Herrn Min-Su Lee sprechen?
▶ 안 계세요. *an gyeseyo*	Er ist nicht da.
실례지만, 누구세요? *sillyejiman nuguseyo*	Entschuldigung, mit wem spreche ich denn?
▷ 저는 토마스입니다. *jeoneun tomaseuimnida*	Hier ist Tomas.
제가 전화했다고 전해줄 수 있어요? *jega jeonhwahaetdago jeonhaejul su isseoyo*	Können Sie ihm ausrichten, dass ich angerufen habe?
▶ 전해 드릴게요. *jeonhae deurilgeyo*	Ich werde es ihm ausrichten.
▷ 안녕히 계세요. *annyeonghi gyeseyo*	Auf Wiederhören.

Sich melden

In Korea ist es nur im geschäftlichen Bereich üblich, sich mit dem Namen (und dem Firmennamen) am Telefon zu melden. In privaten Haushalten meldet man sich üblicherweise so:

여보세요. *yeoboseyo*	Hallo?

Auch die anrufende Person selbst stellt sich selten mit dem Namen vor, daher fragt man danach:

누구세요? *nuguseyo*	Mit wem spreche ich denn?
실례지만, 누구세요? *sillyejiman nuguseyo*	Entschuldigung, mit wem spreche ich denn?

Nach jemandem fragen

… 씨, 계세요? *… ssi gyeseyo*	Ist … da?
… 와 통화할 수 있어요? *… wa tonghwahalsu isseoyo*	Kann ich … sprechen?
… 와 전화할 수 있어요? *… wa jeonhwahalsu isseoyo*	Kann ich mit … telefonieren?
잠깐만 기다리세요. *jamkkanman gidariseyo*	Einen Moment bitte.
통화 중입니다. *tonghwa jungimnida*	Sie/Er telefoniert gerade.
지금 안 계세요. *jigeum an gyeseyo*	Sie/Er ist im Moment nicht da.

Falsch verbunden

여기에 그런 사람 안 살아요. *yeogie geureon saram an sarayo*	Hier wohnt diese Person nicht.
잘 못 걸었어요. *jal mot georeosseoyo*	Sie sind falsch verbunden.
전화 잘 못 했어요. *jeonhwa jal mot haesseoyo*	Sie haben sich verwählt.

Eine Nachricht hinterlassen

메시지를 남길 수 있어요? *mesijireul namgil su isseoyo*	Kann ich etwas ausrichten?
… 전해줄 수 있어요? *jeonhaejul su isseoyo*	Können Sie ihm/ihr bitte ausrichten, …
저에게 전화해 달라고 … *jeoege jeonhwahae dallago*	… er/sie soll mich zurückrufen?
제가 전화했다고 … *jega jeonhwahaetdago*	… dass ich ihn/sie angerufen habe?
나중에 다시 전화하겠다고… *najunge dasi jeonhwahagetdago*	… dass ich später noch mal anrufen werde?

Sich verabschieden

안녕히 계세요. *annyeonghi gyeseyo*	Auf Wiederhören!

1 Wann hören Sie was? Ordnen Sie zu.

1. Ihr Telefon klingelt. Sie nehmen den Hörer ab.
2. Die Person, die Sie sprechen wollen, ist nicht da.
3. Zur Verabschiedung.
4. Wenn Sie falsch verbunden sind.
5. Wenn sich jemand nach dem Namen der anrufenden Person erkundigt.
6. Sie sagen, dass sie/er gerade mit jemandem telefoniert.
7. Sie/er fragt, ob sie/er etwas ausrichten kann.

A 누구세요?
B 안녕히 계세요.
C 메시지를 남길 수 있어요?
D 여보세요.
E 통화 중입니다.
F 안 계세요.
G 잘 못 걸었어요.

2 Der folgende Dialog ist durcheinandergeraten. Nummerieren Sie die Sätze in der richtigen Reihenfolge.

[1] 여보세요.
☐ 잠깐만 기다리세요.
☐ 김진아씨 계세요?
☐ 저는 이민수입니다.
☐ 네, 계세요. 실례지만, 누구세요?

3 Am Telefon. Wie lauten die deutschen Antworten auf Koreanisch?

여보세요.

1. ______________________?
(Sie möchten Herrn Min-Su Lee sprechen.)

누구세요?

2. ______________________.
(Sie stellen sich vor: Ich bin Thomas.)

지금 안 계세요.

3. ______________________?
(Sie wollen, dass er Sie zurückruft.)

이 민수씨 계세요?

4. ______________________.
(Sie sagen, dass er nicht da ist.)

이 민수씨와 통화할 수 있어요?

5. ______________________.
(Sie wollen, dass er einen Moment wartet.)

이 민수씨 계세요?

6. ______________________.
(Sie sagen, dass er falsch verbunden ist.)

전해 드릴게요.

7. ______________________.
(Sie verabschieden sich.)

Sich verabreden / Vorschläge machen, annehmen, ablehnen

21 ► 안녕! 민수. *annyeong minsu* — Hallo, Min-Su.
오늘 저녁에 뭐 하니? *oneul jeonyeoge mwo hani* — Was machst du heute Abend?
▷ 아무 것도 안 해. *amu geotdo an hae* — Nichts.
뭐 좋은 생각 있어? *mwo joeun saenggak isseo* — Hast du eine gute Idee?
► 연극 보러 갈까? *yeongeuk boreo galkka* — Wollen wir ins Theater gehen?
좋은 연극이 있어. *joeun yeongeugi isseo* — Es läuft ein gutes Stück.
▷ 좋아. *joa* — Hört sich gut an. / Einverstanden.
언제, 어디에서 만날까? *eonje eodieseo mannalkka* — Wann und wo treffen wir uns?
► 여섯 시에? *yeoseot sie* — Um sechs?
극장입구에서? *geukjangipgueseo* — Am Theatereingang?
▷ 좋아. 그때 보자! *joa geuttae boja* — Gut. Bis dann!

Vorschläge machen, annehmen, ablehnen

G20 만날까요? *mannalkkayo* — Wollen wir uns treffen?
… 에 갈까요? *… e galkkayo* — Wollen wir ins … gehen?
G18 콘서트에 가고 싶어요? *konseoteue gago sipeoyo* — Möchten Sie (vielleicht) zu einem Konzert gehen?
인사동에 가고 싶어? *insadonge gago sipeo* — Möchtest du nach Insa-dong fahren?
축구를 보고 싶어요? *chukgureul bogo sipeoyo* — Möchten Sie sich ein Fußballspiel ansehen?
영화를 보고 싶어? *yeonghwareul bogo sipeo* — Möchtest du dir einen Film ansehen?

좋아요. *joayo* — Gut! / Einverstanden!
좋은 생각이에요! *joeun saenggagieyo* — Gute Idee!

미안하지만, 오늘 저녁은 안돼요. *mianhajiman oneul jeonyeogeun andwaeyo* — Leider kann ich heute Abend nicht.
미안하지만, 내일은 바빠요. *mianhajiman naeireun bappayo* — Leider werde ich morgen sehr beschäftigt sein.
W6 다른 날은 어때요? *dareun nareun eottaeyo* — Vielleicht lieber an einem anderen Tag?
다음 토요일은 어때요? *daeum toyoireun eottaeyo* — Wie wäre es am nächsten Samstag?

Ort und Zeit vereinbaren

어디에서 만날까요? *eodieseo mannalkkayo* — Wo treffen wir uns?
G5 … 에서 만나요. *eseo mannayo* — Treffen wir uns …
입구에서 … *ipgueseo* — … am Eingang?
출구에서 … *chulgueseo* — … am Ausgang?
역에서 … *yeogeseo* — … an der Station/Haltestelle?

언제 만날까요? *eonje mannalkkayo* — Wann wollen wir uns treffen?
G25 여섯 시는 어때요? *yeoseot sineun eottaeyo* — Wie wäre es um sechs Uhr?
여섯 시는 좀 빨라요. *yeoseot sineun jom ppallayo* — Sechs Uhr ist ein bisschen zu früh.
여섯 시는 너무 늦어요. *yeoseot sineun neomu neujeoyo* — Sechs Uhr ist zu spät.

1 Ordnen Sie den Fragen und Vorschlägen links die passende Reaktion rechts zu.

1. 언제 만날까요?
2. 어디에서 만날까요?
3. 여덟 시는 어때요?
4. 내일 저녁에 뭐 하니?
5. 콘서트 보러 갈까요?
6. 영화 보고 싶어?

A 아무 것도 안 해.
B 좋은 생각이에요.
C 다섯 시에 만날까요?
D 좋아.
E 너무 늦어요.
F 극장입구에서 만나요.

2 Ein Freund macht Ihnen einen Vorschlag, was Sie am Freitag zusammen unternehmen könnten. Reagieren Sie auf den Vorschlag entsprechend der Vorgabe in Klammern.

1. 뮤지컬 보러 갈까요?

   ______________________________!

   (Sie finden, das ist eine gute Idee.)

2. 미안하지만, 금요일은 ______________. ______________?

   (Sie lehnen den Vorschlag ab, weil Sie am Freitag nicht können. Schlagen Sie als Alternative den Samstag vor.)

3. ______________________________ 만날까요?

   (Sie wollen wissen, wo Sie sich treffen.)

4. ______________________________ 만날까요?

   (Sie wollen wissen, wann Sie sich treffen.)

5. 8시는 ______________________________.

   (Sie finden 8 Uhr ein bisschen spät.)

3 Hier sehen Sie einen Ausschnitt aus dem Veranstaltungskalender für diesen Freitag. Machen Sie einem Freund Vorschläge, was Sie zusammen unternehmen könnten. Probieren Sie verschiedene Formulierungsmöglichkeiten mit den angegebenen Wörtern aus.

W5

어때요	좋아요	몰라요	보러 갈까요	만날까요

1. ______________________________
2. ______________________________
3. ______________________________
4. ______________________________
5. ______________________________

극장: (Theater, Kino)
영화 “올드보이“

월드컵 경기장:
(Weltcup-Stadion)
축구 경기

국립오페라단:
(Nationaloper)
오페라 “아이다”

Nach dem Weg fragen / den Weg beschreiben

22 ▶ 실례합니다. *sillyehamnida* — Entschuldigen Sie.

국립박물관이 어디에 있는지 아세요? *gungnipbangmulgwani eodie inneunji aseyo* — Wissen Sie, wo das Nationalmuseum ist?

▷ 네, 이 길로 직진하세요. *ne i gillo jikjinhaseyo* — Ja, gehen Sie diese Straße geradeaus.

그 다음에 왼쪽으로 가세요. *geu daeume oenjjogeuro gaseyo* — Dann biegen Sie nach links ab.

오른쪽에 박물관이 있어요. *oreunjjoge bangmulgwani isseoyo* — Das Museum ist auf der rechten Seite.

Nach dem Weg fragen

실례합니다. *sillyehamnida* — Entschuldigen Sie.

… 어디에 있어요? *… eodie isseoyo* — Wo ist …?

… 에 어떻게 가는지 아세요? *… e eotteoke ganeunji aseyo* — Wissen Sie, wie man nach / zu … kommt?

… 에 가는 길을 가르쳐 주세요. *… e ganeun gireul gareuchyeo juseyo* — Können Sie mir den Weg nach / zu … zeigen?

W12

Wenn Sie öffentliche Verkehrsmittel benutzen, fragen Sie:

… 에 어떻게 가요? *… e eotteoke gayo* — Wie kommt / fährt man nach …?

이 버스가 … 에 가요? *i beoseuga … e gayo* — Fährt dieser Bus nach …?

이 기차가 … 에 가요? *i gichaga … e gayo* — Fährt dieser Zug nach …?

갈아타야 해요? *garataya haeyo* — Muss man umsteigen?

Den Weg beschreiben

G13 똑바로 가세요. *ttokbaro gaseyo* — Gehen Sie diese Straße geradeaus.

되돌아 가세요. *doedora gaseyo* — Gehen Sie diese Straße zurück.

이 길을 따라 가세요. *i gireul ttara gaseyo* — Gehen Sie diese Straße entlang.

200미터 직진하세요. *ibaek miteo jikjinhaseyo* — Gehen Sie 200 Meter geradeaus.

사거리까지 가세요. *sageorikkaji gaseyo* — Gehen Sie bis zur Kreuzung.

신호등까지 가세요. *sinhodeungkkaji gaseyo* — Gehen Sie bis zur Ampel.

이 길을 건너세요. *i gireul geonneoseyo* — Überqueren Sie die Straße.

왼쪽 / 오른쪽으로 가세요. *oenjjok / oreunjjogeuro gaseyo* — Gehen sie nach links / rechts.

W7 좌회전 / 우회전 하세요. *jwahoejeon / uhoejeon haseyo* — Biegen Sie nach links / rechts ab.

우체국에서 종로 1가로 들어가세요. *uchegugeseo jongno ilgaro deureogaseyo* — Beim Postamt biegen Sie in die Jongno 1ga ein.

기차역은 거기 / 여기에 있어요. *gichayeogeun geogi / yeogie isseoyo* — Der Bahnhof ist dort / hier.

… 오른쪽 / 왼쪽 / 건너편에 있어요. *oreunjjok / oenjjok / geonneopyeone isseoyo* — … ist auf der rechten / linken / anderen Straßenseite.

지하철 3호선을 타고 … 까지 가세요. *jihacheol samhoseoneul tago … kkaji gaseyo* — Fahren Sie mit der U-Bahnlinie Nr. 3 bis …

교대 역에서 내리세요. *gyodae yeogeseo naeriseyo* — Steigen Sie an der U-Bahnstation Gyodae aus.

지하철 2호선으로 갈아타세요. *jihacheol ihoseoneuro garataseyo* — Steigen Sie in die U-Bahnlinie Nr. 2 um.

1 Sehen Sie sich die Pfeile an und kreuzen Sie an, welche Wegbeschreibung dazu passt.

1

A ☐ 직진하세요.
B ☐ 왼쪽으로 가세요.
C ☐ 오른쪽으로 가세요.

2

A ☐ 직진하세요.
B ☐ 왼쪽으로 가세요.
C ☐ 오른쪽으로 가세요.

3

A ☐ 똑바로 가세요.
B ☐ 이 길을 따라 가세요.
C ☐ 되돌아 가세요.

2 Ordnen Sie die Ausdrücke den Übersetzungen zu.

1. 5번 버스를 타세요.
2. 지하철1호선으로 갈아타세요.
3. 이 길을 건너세요.
4. 길 왼쪽에 있어요.
5. 똑바로 가세요.
6. 신호등에서 좌회전 하세요.
7. 신호등까지 가세요.
8. 오른쪽으로 가세요.

A An der Ampel biegen Sie nach links ab.
B Gehen Sie geradeaus.
C Gehen Sie bis zur Ampel.
D Auf der linken Straßenseite.
E Biegen Sie nach rechts ab.
F Überqueren Sie die Straße.
G Steigen Sie in die U-Bahnlinie Nr. 1 um.
H Fahren Sie mit Bus Nr. 5.

3 Vervollständigen Sie die Sätze mit den vorgegebenen Wörtern. Die Übersetzung hilft Ihnen.

길 오른쪽에	어떻게	왼쪽으로	오른쪽으로
건너세요	내리세요	똑바로	신호등

1. 실례합니다. 서울역에 ______________________ 가요?
Entschuldigen Sie! Wissen Sie, wie man zum Bahnhof Seoul kommt?

2. 이 길을 ______________. 그리고 ______________ 가세요.
Überqueren Sie die Straße und biegen Sie nach links ab.

3. 100 미터 ______________ 가세요.
Gehen Sie hundert Meter geradeaus.

4. ______________ 에서 ______________ 가세요.
An der Ampel biegen Sie nach rechts ab.

5. 기차역은 ______________ ______________ 있어요.
Der Bahnhof ist auf der rechten Straßenseite.

6. 강남역에서 ______________________.
Steigen Sie an der U-Bahnstation Gangnam aus.

Im Restaurant

23 ▶ 주문할 수 있어요? *jumunhal su isseoyo?* Könnte ich bitte bestellen?
▷ 네. 뭘 드시겠어요? *ne mwol deusigesseoyo* Ja. Was hätten Sie gerne?
▶ 불고기와 김치찌개로 하겠어요. *bulgogiwa gimchijjigaero hagesseoyo* Ich hätte gerne Bulgogi und Gimchijjigae.
▷ 음료수는 뭘로 하시겠어요? *eumnyosuneun mwollo hasigesseoyo* Was möchten Sie trinken? (wörtl.: Was nehmen Sie als Getränk?)
▶ 맥주 한 병 주세요. *maekju han byeong juseyo* Bitte bringen Sie mir eine Flasche Bier.

Speisekarte / Essen bestellen

메뉴판 주세요. *menyupan juseyo*	Könnte ich die Speisekarte haben?
이 식당은 뭘 잘 해요? *i sikdangeun mwol jal haeyo*	Was können Sie empfehlen? (wörtl.: Was macht dieses Restaurant gut?)
저는 … (으)로 하겠어요. *jeoneun … (eu)ro hagesseoyo*	Ich hätte gerne …
포크 좀 주세요. *pokeu jom juseyo*	Können Sie mir bitte eine Gabel bringen?

Das fragt 종업원 *jongeobwon* (ein Kellner / eine Kellnerin):

뭘 드시겠어요? *mwol deusigesseoyo*	Was möchten Sie?
뭘 주문하시겠어요? *mwol jumunhasigesseoyo*	Was möchten Sie bestellen?
… 드릴까요? *… deurilkkayo*	Hätten Sie gerne …?

Über das Essen sprechen

맛있어요? *masisseoyo*	Schmeckt es?
아주 맛있어요. *aju masisseoyo*	Es schmeckt sehr gut!
그런데 너무 달아요 / 셔요. *geureonde neomu darayo / syeoyo*	Aber es ist zu süß / sauer.
짜요 / 매워요. *jjayo / maewoyo*	Es ist salzig / scharf.
설탕 / 소금이 부족해요. *seoltang / sogeumi bujokaeyo*	Es fehlt Zucker / Salz.
… 주세요. *… juseyo*	Bringen Sie bitte …
맛있게 드셨어요? *masitge deusyeosseoyo*	Hat es Ihnen gut geschmeckt?
네, 맛있게 먹었어요. *ne masitge meogeosseoyo*	Ja, es hat mir gut geschmeckt.

Bezahlen

선불입니다. *seonburimnida*	Bitte bezahlen Sie im Voraus. (wörtl.: Es ist Vorauszahlung.)
계산서 주세요. *gyesanseo juseyo*	Die Rechnung bitte!
카드도 돼요? *kadeudo dwaeyo*	Nehmen Sie auch die Kreditkarte?

Trink- und Esssprüche

맛있게 드세요! *masitge deuseyo*	Guten Appetit!
건배! *geonbae*	Prost!

In der koreanischen Küche bekommt man meistens Reis mit vielen Beilagen. Man isst Reis mit Suppe, Gimchi und verschiedenen Gemüsebeilagen. Es gibt aber auch Restaurants, die nur auf ein Gericht spezialisiert sind. Man bestellt dann einfach eine Portion der Spezialität. Wasser als Getränk bekommt man üblicherweise gratis. Leider wird Mineralwasser nicht angeboten. Man benutzt den Löffel für den Reis sowie für die Suppe und die Stäbchen für die Beilagen. Wenn Sie nicht mit Stäbchen umgehen können, können Sie nach einer Gabel fragen.

1 Dieser Dialog ist durcheinandergeraten. Nummerieren Sie die Sätze nach ihrer logischen Reihenfolge.

- ☐ 맛있게 드셨어요?
- ☐ 주문할 수 있어요?
- ☐ 네, 뭘 드시겠어요?
- ☐ 음료수는 뭘로 하시겠어요?
- ☐ 갈비로 하겠어요.
- ☐ 그런데 조금 매워요.
- ☐ 네, 아주 맛있어요.
- ☐ 콜라 한 병 주세요.

2 Ordnen Sie zu. Was sagen Sie, wenn …

1. … Ihr Essen sehr lecker ist?
2. … Ihr Essen etwas zu salzig ist?
3. … Ihr Essen sehr süß ist?
4. … Ihr Essen scharf ist?
5. … das Gimchi zu sauer ist?
6. … Zucker fehlt?
7. … Salz fehlt?

A 매워요.
B 소금 좀 주세요.
C 김치가 너무 셔요.
D 설탕이 부족해요.
E 아주 맛있어요.
F 너무 짜요.
G 아주 달아요.

3 Übersetzen Sie die Sätze mit Hilfe der vorgegebenen Wörter.

메뉴판	계산서	맥주	선불	건배	음료수
맛있게	맛있어요	있어요	주세요	드세요	

1. Guten Appetit! ______ ______!
2. Prost! ______!
3. Ich hätte gern mehr Bier. ______ 더 ______.
4. Schmeckt es? ______?
5. Könnte ich die Speisekarte haben? ______.
6. Es ist Vorauszahlung. ______입니다.
7. Was möchten Sie trinken? ______는 뭘 하시겠어요?
8. Die Rechnung bitte! ______ ______!

Einkaufen / Dinge vergleichen

24 ► 이 흰 스웨터는 얼마예요? *i huin seuweteoneun eolmayeyo* — Wie viel kostet dieser weiße Pulli?

▹ 육만 오천 원이에요. *yungman ocheonwonieyo* — Er kostet 65,000 Won.

► 네, 조금 비싸네요. *ne jogeum bissaneyo* — Oh, das ist ein bisschen teuer.

▹ 이 파란 스웨터는 마음에 들어요? *i paran seuweteoneun maeume deureoyo* — Wie gefällt Ihnen dieser blaue?

이것은 조금 더 싸요. *igeoseun jogeum deo ssayo* — Er ist ein bisschen billiger.

► 마음에 들어요. *maeume deureoyo* — Er gefällt mir.

어디에서 입어 볼 수 있어요? *eodieseo ibeobol su isseoyo* — Wo kann ich ihn anprobieren?

Im Geschäft

… 있어요? *… isseoyo* — Haben Sie …?

… 사고 싶어요. *… sago sipeoyo* — Ich hätte gerne …

그냥 구경할게요. *geunyang gugyeonghalgeyo* — Ich schau mich nur um.

Nach dem Preis fragen

G24 … 얼마예요? *… eolmayeyo* — Wie viel kostet …?

이 바지는 십 만원이에요. *i bajineun simmanwonieyo* — Die Hose kostet 100,000 Won.

이 바지는 백이십 유로예요. *i bajineun baegisip yuroyeyo* — Die Hose kostet 120 Euro.

좀 싼 거 있어요? *jom ssan geo isseoyo* — Hätten Sie etwas Günstigeres?

Dinge vergleichen und bewerten

마음에 들어요? *maeume deureoyo* — Wie gefällt Ihnen … ?

아주 마음에 들어요. *aju maeume deureoyo* — Es gefällt mir sehr gut.

마음에 안 들어요. *maeume an deureoyo* — Es gefällt mir nicht.

G6 이 바지가 그 바지보다 더 예뻐요. *i bajiga geu bajiboda deo yeppeoyo* — Diese Hose ist schöner als jene.

그 스커트가 제일 예뻐요. *geu seukeoteuga jeil yeppeoyo* — Jener Rock ist am schönsten.

이 스커트가 더 마음에 들어요. *i seukeoteuga deo maeume deureoyo* — Dieser Rock gefällt mir besser.

너무 비싸요. *neomu bissayo* — Das ist zu teuer.

… 너무 커요. *… neomu keoyo* — … ist zu groß.

… 너무 작아요. *… neomu jagayo* — … ist zu klein.

이 신발로 한 치수 더 작은 거 있어요? *i sinballo han chisu deo jageun geo isseoyo* — Haben Sie diese Schuhe eine Nummer kleiner?

이 신발로 한 치수 더 큰 거 있어요? *i sinballo han chisu deo keun geo isseoyo* — Haben Sie diese Schuhe eine Nummer größer?

Bezahlen

얼마예요? *eolmayeyo* — Wie viel kostet das?

계산대가 어디에 있어요? *gyesandega eodie isseoyo* — Wo ist die Kasse?

카드로 계산할 수 있어요? *kadeuro gyesanhal su isseoyo* — Kann ich mit Kreditkarte zahlen?

1 Übersetzen Sie. W10

1. 이 바지가 마음에 들어요. ______________________________
2. 이 빨간 스커트는 얼마예요? ______________________________
3. 좀 더 싼 옷이 있어요? ______________________________
4. 이 스웨터가 제일 비싸요. ______________________________
5. 이 넥타이는 마음에 들어요? ______________________________
6. 이 신발로 한 치수 작은 거 있어요? ______________________________
7. 그냥 구경할게요. ______________________________
8. 입어 볼 수 있어요? ______________________________

2 Ordnen Sie zu.

1. 스커트 마음에 들어요?
2. 마음에 들어요?
3. 좀 더 큰 옷이 있어요?
4. 카드로 계산할 수 있어요?
5. 얼마예요?

A 아니요, 없어요.
B 네, 할 수 있어요.
C 39,000원이에요.
D 네, 아주 마음에 들어요.
E 너무 작아요.

3 Vervollständigen Sie die Sätze mit den vorgegebenen Wörtern.

작아요	마음에 들어요	예뻐요	비싸요	커요
안	아주	더	너무	조금

1. 이 블라우스가 ________ ____________. Diese Bluse ist zu teuer.
2. 이 코트는 ________ ____________. Dieser Mantel ist zu klein.
3. 이 신발이 ________ ______ ______. Diese Schuhe gefallen mir nicht.
4. 이 스커트는 그 스커트보다 ______ ________. Dieser Rock ist schöner als jener.
5. 이 바지가 ______ ________ ________. Diese Hose gefällt mir sehr.
6. 신발이 ______ ____________. Die Schuhe sind ein bisschen groß.

Im Hotel

25 ▶ 안녕하세요? *annyeonghaseyo* Guten Tag.
방 있어요? *bang isseoyo* Haben Sie ein Zimmer frei?
▷ 원 베드룸으로 드릴까요, *won bedeurumeuro deurilkkayo* Ein Einzelzimmer
투 베드룸으로 드릴까요? *tu bedeurumeuro deurilkkayo* oder ein Doppelzimmer?
▶ 원 베드룸으로 주세요. *won bedeurumeuro juseyo* Ein Einzelzimmer.
방에 뭐가 있어요? *bange mwoga isseoyo* Wie ist es eingerichtet?
▷ 샤워실, 화장실, 텔레비전과 냉장고가 있어요. *syawosil hwajangsil tellebijeongwa naengjanggoga isseoyo* Es gibt eine Dusche, Toilette, einen Fernseher und einen Kühlschrank.
얼마나 계실 예정이세요? *eolmana gyesil yejeongiseyo* Wie lange wollen Sie bleiben?
▶ 일주일요. *iljuiryo* Eine Woche.

Ein Zimmer buchen

투 베드룸 하루 예약하고 싶어요. *tu bedeurum haru yeyakago sipeoyo* Ich hätte gerne ein Doppelzimmer für eine Nacht.
… 예약하고 싶어요. *yaeyakago sipeoyo* Ich möchte … reservieren / *Ich hätte gerne …*

원 베드룸 / 투 베드룸 … *won bedeurum / tu bedeurum* … ein Einzel- / Doppelzimmer

하루 / 이틀 … *haru / iteul* … für eine Nacht / zwei Nächte
G24 일주일 / 이주일 … *iljuil / ijuil* … eine Woche / zwei Wochen

언제부터 언제까지요? *eonjebuteo eonjekkajiyo* Von wann bis wann?
8월 20일부터 9월 1일까지요. *parwol isibilbuteo guwol irilkkajiyo* Vom 20. August bis 1. September.
죄송하지만, 지금 빈 방이 없어요. *joesonghajiman jigeum binbang eopseoyo* Leider haben wir keine freien Zimmer.

Ein Zimmer beschreiben

이 방에는 샤워실 있어요. *i bangeneun syawosil isseoyo* Das Zimmer hat eine Dusche.
W11 욕실 … *yoksil* … ein Bad.
욕조 … *yokjo* … eine Badewanne.
텔레비전 … *tellebijeon* … einen Fernseher.
냉장고 … *naengjanggo* … einen Kühlschrank.
전화 … *jeonhwa* … ein Telefon.
발코니 … *balkoni* … einen Balkon.
이 방은 전망이 좋아요. *ibangeun jeonmangi joayo* Das Zimmer hat einen schönen Ausblick.

아침식사 포함된 방 *achimsiksa pohamdeon bang* ein Zimmer mit Frühstück
점심식사 포함된 방 *jeomsimsiksa pohamdoen bang* ein Zimmer mit Mittagessen
저녁식사 포함된 방 *jeonyeoksiksa pohamdeon bang* ein Zimmer mit Abendessen

1 Was fragt man Sie bei der Reservierung eines Hotelzimmers? Kreuzen Sie an.

1. ☐ 언제부터 언제까지요?
2. ☐ 결혼하셨어요?
3. ☐ 지금 몇 시예요?
4. ☐ 투 베드룸 드릴까요?
5. ☐ 얼마나 계실 예정이세요?
6. ☐ 한국어를 하세요?

2 Sie wollen ein Zimmer reservieren. Wie sagen Sie …? Ordnen Sie zu.

Ich hätte gerne ein Zimmer … … 있는 방을 예약하고 싶어요.

1. mit Bad. A 욕조
2. mit Balkon. B 전화
3. mit Telefon. C 샤워실
4. mit Fernseher. D 텔레비전
5. mit Dusche. E 좋은 전망
6. mit Kühlschrank. F 냉장고
7. mit schönem Ausblick. G 욕실
8. mit Badewanne. H 발코니

3 Übersetzen Sie folgende Fragen und Wünsche.

1. Ich hätte gerne ein Einzelzimmer.

   ______________________________.

2. Ich hätte gerne ein Zimmer mit Frühstück.

   ______________________________.

3. Ich möchte ein Zimmer mit Abendessen reservieren.

   ______________________________.

4. Wie ist das Zimmer eingerichtet?

   ______________________________?

5. Ich möchte gerne ein Einzelzimmer für eine Woche reservieren.

   ______________________________.

6. Gibt es einen Kühlschrank?

   ______________________________?

Reisen

26 ► 안녕하세요? *annyeonghaseyo*	Guten Tag.
부산 행 기차표 한 장 주세요. *busan haeng gichapyo han jang juseyo*	Eine Fahrkarte nach Busan bitte.
▹ 편도로 드릴까요, *pyeondoro deurilkkayo* 왕복으로 드릴까요? *wangbogeuro deurilkkayo*	Eine Einzelfahrt oder hin und zurück?
► 편도로 주세요. *pyeondoro juseyo*	Eine Einzelfahrt.
기차는 언제, 어디에서 출발해요? *gichaneun eonje eodieseo chulbarhaeyo*	Wann und von wo fährt der Zug ab?
▹ 12시 10분에 5번 승강장에서 출발해요. *yeoldusi sipbune obeon seunggangjangeseo chulbarhaeyo*	Der Zug fährt um 12:10 von Gleis 5 ab.

Ticket kaufen

매표소는 어디에 있어요? *maepyosoneun eodie isseoyo*	Wo ist der Fahrkartenschalter?
… 행 표 한 장 주세요. *… haeng pyo han jang juseyo*	Eine Fahrkarte nach … bitte.
… 행 티켓 두 장 주세요. *… haeng tiket du jang juseyo*	Zwei Tickets nach … bitte.
편도로 주세요. *pyeondoro juseyo*	Eine Einzelfahrkarte bitte.
G13 왕복으로 주세요. *wangbogeuro juseyo*	Eine Fahrkarte hin und zurück bitte.

Reiseinformationen erfragen

W6 기차는 언제 출발해요? *gichaneun eonje chulbarhaeyo*	Wann fährt der Zug ab?
기차는 언제 도착해요? *gichaneun eonje dochakaeyo*	Wann kommt der Zug an?
버스는 언제 출발해요? *beoseuneun eonje chulbarhaeyo*	Wann fährt der Bus ab?
버스는 언제 도착해요? *beoseuneun eonje dochakaeyo*	Wann kommt der Bus an?
비행기는 언제 이륙해요? *bihaenggineun eonje iryukaeyo*	Wann fliegt das Flugzeug ab?
비행기는 언제 착륙해요? *bihaenggineun eonje changnyukaeyo*	Wann landet das Flugzeug?
기차는 10분 늦어요. *gichaneun sipbun neujeoyo*	Der Zug verspätet sich um 10 Minuten.
G5 기차는 어디에서 출발해요? *gichaneun eodieseo chulbarhaeyo*	Von wo fährt der Zug / Bus ab?
기차는 3번 승강장에서 출발해요. *gichaneun sambeon seunggangjangeseo chulbarhaeyo*	Der Zug fährt von Gleis 3 ab.
이 기차는 어디로 가요? *i gichaneun eodiro gayo*	Wohin fährt dieser Zug?
이 버스는 … (으)로 가요? *i beoseuneun … (eu)ro gayo*	Fährt dieser Bus nach …?
이 기차는 모든 역에 다 서요? *i gichaneun modeun yeoge da seoyo*	Hält der Zug an allen Haltestellen?
즐거운 여행 되세요! *jeulgeoun yeohaeng doeseyo*	Gute Reise!

1 Formulieren Sie mit den vorgegebenen Wörtern die folgenden Sätze.

기차표	부산행	기차	어디에	대구로	매표소
한 장	가요	있어요	주세요	늦어요	왕복으로

1. Eine Fahrkarte nach Pusan bitte.

____.

2. Eine Fahrkarte hin und zurück bitte.

____.

3. Der Zug verspätet sich.

____.

4. Fährt dieser Zug nach Daegu?

____?

5. Wo ist der Fahrkartenschalter?

____?

2 Schauen Sie sich diese Antworten an. Wie lauten die Fragen dazu? Die Fragewörter in Klammern geben Ihnen einen Hinweis.

1. (Wann) ____?
기차는 10시 45분에 출발해요.

2. (Wohin) ____?
기차는 부산으로 가요.

3. (Von wo) ____?
3번 승강장에서 출발해요.

4. (Wann) ____?
비행기는 17시 34분에 이륙해요.

5. (Wann) ____?
기차는 5시 20분에 도착해요.

6. (Ob der Bus ins Zentrum fährt) ____?
네, 이 버스는 시내로 가요.

3 Was wünschen Sie jemandem, der verreist?

____!

Gegenwart

A1 Die Verbtabellen sind nach dem koreanischen Alphabet geordnet. (instabil: Unregelmäßigkeit)

Infinitiv (G7)	formelle Höflichkeit (G7)	informelle Höflichkeit (Hon.) (G13)	informelle Höflichkeit (G11/G12)
가다 gehen	갑니다	가세요	가요
괜찮다 okay sein	괜찮습니다	괜찮으세요	괜찮아요
그렇다 (instabil) so sein	그렇습니다	그러세요	그래요
기다리다 warten	기다립니다	기다리세요	기다려요
내리다 aussteigen	내립니다	내리세요	내려요
늦다 spät sein	늦습니다	늦으세요	늦어요
덥다 (instabil) heiß sein	덥습니다	더우세요	더워요
되다 werden	됩니다	되세요	돼요
듣다 (instabil) hören	듣습니다	들으세요	들어요
마시다 trinken	마십니다	드세요	마셔요
만나다 treffen	만납니다	만나세요	만나요
만들다 (instabil) herstellen	만듭니다	만드세요	만들어요
맵다 (instabil) scharf sein	맵습니다	매우세요	매워요
먹다 essen	먹습니다	드세요	먹어요
보다 sehen	봅니다	보세요	봐요
부르다 (instabil) rufen	부릅니다	부르세요	불러요
비싸다 teuer sein	비쌉니다		비싸요
사다 kaufen	삽니다	사세요	사요
살다 (instabil) leben	삽니다	사세요	살아요
쉬다 ausruhen	쉽니다	쉬세요	쉬어요
어떻다 (instabil) wie sein	어떻습니다	어떠세요	어때요

Infinitiv (G7)	formelle Höflichkeit (G7)	informelle Höflichkeit (Hon.) (G13)	informelle Höflichkeit (G11/G12)
어렵다 (instabil) schwierig sein	어렵습니다	어려우세요	어려워요
없다 nicht haben nicht da sein	없습니다	없으세요 안 계세요	없어요
예쁘다 (instabil) hübsch sein	예쁩니다	예쁘세요	예뻐요
오다 kommen	옵니다	오세요	와요
이다 sein	입니다	(이)세요	이에요 (nach Nkon) (예요) (nach Nvok)
읽다 lesen	읽습니다	읽으세요	읽어요
입다 anziehen	입습니다	입으세요	입어요
있다 haben da sein es gibt	있습니다	있으세요 계세요	있어요
작다 klein sein	작습니다	작으세요	작아요
좋다 gut sein	좋습니다	좋으세요	좋아요
좋아하다 mögen	좋아합니다	좋아하세요	좋아해요
찾다 suchen, finden	찾습니다	찾으세요	찾아요
춥다 (instabil) kalt sein	춥습니다	추우세요	추워요
치다 schlagen	칩니다	치세요	쳐요
크다 (instabil) groß sein	큽니다	크세요	커요
타다 einsteigen, fahren	탑니다	타세요	타요
피우다 rauchen	피웁니다	피우세요	피워요
하다 machen, tun	합니다	하세요	해요

Vergangenheit

Infinitiv (G7)	formelle Höflichkeit (G7/G15)	informelle Höflichkeit (Hon.) (G13/G15)	informelle Höflichkeit (G11/G12/G15))
가다 gehen	갔습니다	가셨어요	갔어요
괜찮다 okay sein	괜찮았습니다	괜찮으셨어요	괜찮았어요
그렇다 (instabil) so sein	그랬습니다	그러셨어요	그랬어요
기다리다 warten	기다렸습니다	기다리셨어요	기다렸어요
내리다 aussteigen	내렸습니다	내리셨어요	내렸어요
늦다 spät sein	늦었습니다	늦으셨어요	늦었어요
덥다 (instabil) heiß sein	더웠습니다	더우셨어요	더웠어요
되다 werden	됐습니다	되셨어요	됐어요
듣다 (instabil) hören	들었습니다	들으셨어요	들었어요
마시다 trinken	마셨습니다	드셨어요	마셨어요
만나다 treffen	만났습니다	만나셨어요	만났어요
만들다 (instabil) herstellen	만들었습니다	만드셨어요	만들었어요
맵다 (instabil) scharf sein	매웠습니다	매우셨어요	매웠어요
먹다 essen	먹었습니다	드셨어요	먹었어요
보다 sehen	봤습니다	보셨어요	봤어요
부르다 (instabil) rufen	불렀습니다	부르셨어요	불렀어요
비싸다 teuer sein	비쌌습니다		비쌌어요
사다 kaufen	샀습니다	사셨어요	샀어요
살다 (instabil) leben	살았습니다	사셨어요	살았어요
쉬다 ausruhen	쉬었습니다	쉬셨어요	쉬었어요
어떻다 (instabil) wie sein	어땠습니다	어떠셨어요	어땠어요

Infinitiv (G7)	formelle Höflichkeit (G7/G15)	informelle Höflichkeit (Hon.) (G13/G15)	informelle Höflichkeit (G11/G12/G15)
어렵다 (instabil) schwierig sein	어려웠습니다	어려우셨어요	어려웠어요
없다 nicht haben nicht da sein	없었습니다	없으셨어요 안 계셨어요	없었어요
예쁘다 (instabil) hübsch sein	예뻤습니다	예쁘셨어요	예뻤어요
오다 kommen	왔습니다	오셨어요	왔어요
이다 sein	이었습니다. 였습니다.	(이)셨어요	이었어요 였어요
읽다 lesen	읽었습니다	읽으셨어요	읽었어요
입다 anziehen	입었습니다	입으셨어요	입었어요
있다 haben da sein es gibt	있었습니다	있으셨어요 계셨어요	있었어요
작다 klein sein	작았습니다	작으셨어요	작았어요
좋다 gut sein	좋았습니다	좋으셨어요	좋았어요
좋아하다 mögen	좋아했습니다	좋아하셨어요	좋아했어요
찾다 suchen, finden	찾았습니다	찾으셨어요	찾았어요
춥다 (instabil) kalt sein	추웠습니다	추우셨어요	추웠어요
치다 schlagen	쳤습니다	치셨어요	쳤어요
크다 (instabil) groß sein	컸습니다	크셨어요	컸어요
타다 einsteigen, fahren	탔습니다	타셨어요	탔어요
피우다 rauchen	피웠습니다	피우셨어요	피웠어요
하다 machen, tun	했습니다	하셨어요	했어요

Futur

Infinitiv (G7)	formelle Höflichkeit (G7/G9)	informelle Höflichkeit (G9/G11/G12)
가다 gehen	가겠습니다	가겠어요
괜찮다 okay sein	괜찮겠습니다	괜찮겠어요
그렇다 (instabil) so sein	그렇겠습니다	그렇겠어요
기다리다 warten	기다리겠습니다	기다리겠어요
내리다 aussteigen	내리겠습니다	내리겠어요
늦다 spät sein	늦겠습니다	늦겠어요
덥다 (instabil) heiß sein	덥겠습니다	덥겠어요
되다 werden	되겠습니다	되겠어요
듣다 (instabil) hören	듣겠습니다	듣겠어요
마시다 trinken	마시겠습니다	마시겠어요
만나다 treffen	만나겠습니다	만나겠어요
만들다 (instabil) herstellen	만들겠습니다	만들겠어요
맵다 (instabil) scharf sein	맵겠습니다	맵겠어요
먹다 essen	먹겠습니다	먹겠어요
보다 sehen	보겠습니다	보겠어요
부르다 (instabil) rufen	부르겠습니다	부르겠어요
비싸다 teuer sein	비싸겠습니다	비싸겠어요
사다 kaufen	사겠습니다	사겠어요
살다 (instabil) leben	살겠습니다	살겠어요
쉬다 ausruhen	쉬겠습니다	쉬겠어요
어떻다 (instabil) wie sein	어떻겠습니다	어떻겠어요

Infinitiv (G7)	formelle Höflichkeit (G7/G9)	informelle Höflichkeit (G9/G11/G12)
어렵다 (instabil) schwierig sein	어렵겠습니다	어렵겠어요
없다 nicht haben nicht da sein	없겠습니다	없겠어요
예쁘다 (instabil) hübsch sein	예쁘겠습니다	예쁘겠어요
오다 kommen	오겠습니다	오겠어요
이다 sein	(이)겠습니다	(이)겠어요
읽다 lesen	읽겠습니다	읽겠어요
입다 anziehen	입겠습니다	입겠어요
있다 haben da sein es gibt	있겠습니다	있겠어요
작다 klein sein	작겠습니다	작겠어요
좋다 gut sein	좋겠습니다	좋겠어요
좋아하다 mögen	좋아하겠습니다	좋아하겠어요
찾다 suchen, finden	찾겠습니다	찾겠어요
춥다 (instabil) kalt sein	춥겠습니다	춥겠어요
치다 schlagen	치겠습니다	치겠어요
크다 (instabil) groß sein	크겠습니다	크겠어요
타다 einsteigen	타겠습니다	타겠어요
피우다 rauchen	피우겠습니다	피우겠어요
하다 machen, tun	하겠습니다	하겠어요

Modalverben I

Infinitiv (G7)	können (G17)	nicht können (G17)	wollen, hätte gern (G18)	müssen (G19)
가다 gehen	갈 수 있어요	갈 수 없어요	가고 싶어요	가야 해요
기다리다 warten	기다릴 수 있어요	기다릴 수 없어요	기다리고 싶어요	기다려야 해요
내리다 aussteigen	내릴 수 있어요	내릴 수 없어요	내리고 싶어요	내려야 해요
듣다 (instabil) hören	들을 수 있어요	들을 수 없어요	듣고 싶어요	들어야 해요
마시다 trinken	마실 수 있어요	마실 수 없어요	마시고 싶어요	마셔야 해요
만나다 treffen	만날 수 있어요	만날 수 없어요	만나고 싶어요	만나야 해요
만들다 (instabil) herstellen	만들 수 있어요	만들 수 없어요	만들고 싶어요	만들어야 해요
먹다 essen	먹을 수 있어요	먹을 수 없어요	먹고 싶어요	먹어야 해요
보다 sehen	볼 수 있어요	볼 수 없어요	보고 싶어요	봐야 해요
부르다 (instabil) rufen	부를 수 있어요	부를 수 없어요	부르고 싶어요	불러야 해요
사다 kaufen	살 수 있어요	살 수 없어요	사고 싶어요	사야 해요
살다 (instabil) leben	살 수 있어요	살 수 없어요	살고 싶어요	살아야 해요
쉬다 ausruhen	쉴 수 있어요	쉴 수 없어요	쉬고 싶어요	쉬어야 해요
오다 kommen	올 수 있어요	올 수 없어요	오고 싶어요	와야 해요
읽다 lesen	읽을 수 있어요	읽을 수 없어요	읽고 싶어요	읽어야 해요
입다 anziehen	입을 수 있어요	입을 수 없어요	입고 싶어요	입어야 해요
찾다 suchen, finden	찾을 수 있어요	찾을 수 없어요	찾고 싶어요	찾아야 해요
치다 schlagen	칠 수 있어요	칠 수 없어요	치고 싶어요	쳐야 해요
타다 einsteigen	탈 수 있어요	탈 수 없어요	타고 싶어요	타야 해요
피우다 rauchen	피울 수 있어요	피울 수 없어요	피우고 싶어요	피워야 해요
하다 machen	할 수 있어요	할 수 없어요	하고 싶어요	해야 해요

Modalverben II

Infinitiv (G7)	dürfen (G19)	sollen wir …? (G20)	Lasst uns ... (G20)
가다 gehen	가도 돼요	갈까요	갑시다
기다리다 warten	기다려도 돼요	기다릴까요	기다립시다
내리다 aussteigen	내려도 돼요	내릴까요	내립시다
듣다 (instabil) hören	들어도 돼요	들을까요	들읍시다
마시다 trinken	마셔도 돼요	마실까요	마십시다
만나다 treffen	만나도 돼요	만날까요	만납시다
만들다 (instabil) herstellen	만들어도 돼요	만들까요	만듭시다
먹다 essen	먹어도 돼요	먹을까요	먹읍시다
보다 sehen	봐도 돼요	볼까요	봅시다
부르다 (instabil) rufen	불러도 돼요	부를까요	부릅시다
사다 kaufen	사도 돼요	살까요	삽시다
살다 (instabil) leben	살아도 돼요	살까요	삽시다
쉬다 ausruhen	쉬어도 돼요	쉴까요	쉽시다
오다 kommen	와도 돼요	올까요	옵시다
읽다 lesen	읽어도 돼요	읽을까요	읽읍시다
입다 anziehen	입어도 돼요	입을까요	입읍시다
찾다 suchen, finden	찾아도 돼요	찾을까요	찾읍시다
치다 schlagen	쳐도 돼요	칠까요	칩시다
타다 einsteigen	타도 돼요	탈까요	탑시다
피우다 rauchen	피워도 돼요	피울까요	피웁시다
하다 machen, tun	해도 돼요	할까요	합시다

Satzverknüpfung

Infinitiv (G7)	und (G22)	aber (G22)	weil (G23)	wenn (G23)
가다 gehen	가고	가지만	가서	가면
내리다 aussteigen	내리고	내리지만	내려서	내리면
덥다 (instabil) heiß sein	덥고	덥지만	더워서	더우면
듣다 (instabil) hören	듣고	듣지만	들어서	들으면
마시다 trinken	마시고	마시지만	마셔서	마시면
만나다 treffen	만나고	만나지만	만나서	만나면
먹다 essen	먹고	먹지만	먹어서	먹으면
보다 sehen	보고	보지만	봐서	보면
비싸다 teuer sein	비싸고	비싸지만	비싸서	비싸면
사다 kaufen	사고	사지만	사서	사면
살다 (instabil) leben	살고	살지만	살아서	살면
오다 kommen	오고	오지만	와서	오면
이다 sein	(이)고	(이)지만	(이)라서	(이)면
읽다 lesen	읽고	읽지만	읽어서	읽으면
있다 haben da sein es gibt	있고 계시고	있지만 계시지만	있어서 계셔서	있으면 계시면
좋다 gut sein	좋고	좋지만	좋아서	좋으면
좋아하다 mögen	좋아하고	좋아하지만	좋아해서	좋아하면
춥다 (instabil) kalt sein	춥고	춥지만	추워서	추우면
치다 schlagen	치고	치지만	쳐서	치면
크다 (instabil) groß sein	크고	크지만	커서	크면
하다 machen, tun	하고	하지만	해서	하면

Hilfsverben

Infinitiv (G7)	Das Hilfsverb 주다 als Imperativ (G16)	Das Hilfsverb 보다 als Imperativ (G16)
가다 gehen	가 주세요	가 보세요
기다리다 warten	기다려 주세요	기다려 보세요
내리다 aussteigen	내려 주세요	내려 보세요
듣다 (instabil) hören	들어 주세요	들어 보세요
마시다 trinken	마셔 주세요	마셔 보세요
만나다 treffen	만나 주세요	만나 보세요
만들다 (instabil) herstellen	만들어 주세요	만들어 보세요
먹다 essen	잡숴 주세요	잡숴 보세요
보다 sehen	봐 주세요	보세요
부르다 (instabil) rufen	불러 주세요	불러 보세요
사다 kaufen	사 주세요	사 보세요
쉬다 ausruhen	쉬어 주세요	쉬어 보세요
쓰다 (instabil) schreiben	써 주세요	써 보세요
오다 kommen	와 주세요	와 보세요
읽다 lesen	읽어 주세요	읽어 보세요
입다 anziehen	입어 주세요	입어 보세요
찾다 suchen, finden	찾아 주세요	찾아 보세요
치다 schlagen	쳐 주세요	쳐 보세요
타다 einsteigen	타 주세요	타 보세요
피우다 rauchen	피워 주세요	피워 보세요
하다 machen	해 주세요	해 보세요

Alphabet / Aussprache

A1 Hangeul: Grundvokale / Grundkonsonanten

1 아, 야, 어, 여, 오, 요, 우, 유, 으, 이

2 ㄱ, ㄴ, ㄷ, ㄹ, ㅁ, ㅂ, ㅅ, ㅇ, ㅈ, ㅊ, ㅋ, ㅌ, ㅍ, ㅎ

3 1. 겨, 규, 그, 기 2. 나, 뉴, 느, 니 3. 라, 려, 르, 리 4. 마, 며, 뮤, 미 5. 바, 벼, 뷰, 브 6. 셔, 슈, 스, 시 7. 자, 쥬, 즈, 지 8. 타, 텨, 트, 티 9. 파, 펴, 퓨, 피 10. 하, 혀, 휴 흐

A2 Hangeul: Grundkombinationen von Vokalen und Konsonanten

1 1. 기차 2. 나비 3. 다리 4. 토마토 5. 소 6. 사랑 7. 바구니 8. 사자 9. 지도 10. 커피

2 1. 머 2. 스 3. 니 4. 버 5. 다 6. 무 7. 누 8. 프 9. 영 10. 후

3 1G • 2E • 3A • 4C • 5D • 6I • 7F • 8J • 9B • 10H

A3 Hangeul: Doppelkonsonanten / Zusammengesetzte Vokale

1 1. 게, 귀, 궈, 긔 2. 내, 뉘, 눠, 늬 3. 대, 데, 둬, 듸 4. 래, 레, 뤼, 릐 5. 배, 베, 뷔, 붜 6. 세, 쉬, 숴, 싀 7. 애, 위, 워, 의 8. 재, 제, 줘, 즈ㅣ 9. 패, 페, 퓌, 프ㅣ 10. 해, 헤, 휘, 희

2 1. A, B 2. B, A 3. B, A 4. A, B 5. B, A

3 1. 개 2. 메 3. 얘 4. 쁘 5. 화 6. 백 7. 계 8. 회 9. 의 10. 왜

4 1F • 2G • 3E • 4H • 5C • 6A • 7B • 8D

A4 Hangeul: Auslautkonsonanten

1 1. 눅, 헉 2. 간, 헌 3. 감, 눔 4. 눌, 헐 5. 갑, 헙 6. 강, 눙

2 1. *hanguk, yeok* 2. *naksi, bak* 3. *mun, jeonhwa* 4. *sutgarak, got* 5. *jeotgarak, ot* 6. *neutda, natjam* 7. *kkot, nat* 8. *mit, kkeut* 9. *itda, gatda* 10. *sul, gaeul* 11. *namja, aiseukeurim* 12. *ip, bibimbap* 13. *mureup, neup* 14. *bang, suyeongjang*

3 1E • 2G • 3D • 4B • 5F • 6A • 7C • 8I • 9H

A5 Hangeul: zusammengesetzte Auslautkonsonanten

1 1. *mok* 2. *anda* 3. *sireohada* 4. *gwaenchanta* 5. *bakda* 6. *kkeunta* 7. *neolda* 8. *damda* 9. *yeodeol*

2 1A • 2C • 3B • 4C

3 1. *tomaseussineun ilgop sie ireonayo. yeodeol sie achimeul meogeoyo. yeodeol si bane hoesae gayo.* 2. *achime iri maneumyeon keopireul an masyeoyo. jeomsime dongnyodeulgwa hamkke siksahareo gayo.* 3. *jeomsimeul meogeun hue jamkkan kapee anjaseo swieoyo. sigani jom isseumyeon sinmundo ilgeoyo.* 4. *jeonyeoge yaksogi eopseumyeon undongeul hareo gayo.* 5. *undongeul sireohajiman iljuire du beoneun gwaenchanayo.*

Wortschatz

W1 Persönliche Angaben

1 1. 이메일 2. 키 3. 사진 4. 학력 5. 국적 6. 혼인관계 7. 직업 8. 주소

2 Aussehen: 뚱뚱한, 예쁜, 매력적인, 못생긴, 날씬한
Charaktereigenschaften: 사교적인, 친절한, 공손한

3 1C • 2B • 3D

W2 Berufe / Arbeitsorte

1 1C • 2D • 3A • 4E • 5B

2 1. 미용사 2. 경찰관 3. 판매원 4. 선생 5. 가수

3 1C • 2A • 3B • 4B • 5C

W3 Länder / Nationalitäten / Sprachen

1 1B • 2B • 3A

2 1D • 2F • 3G • 4C • 5B • 6A • 7E

3 1. 영어 2. 중국어 3. 러시아 사람 4. 힌두, 영어 5. 그리스 사람 6. 프랑스어

4 1. 영국 2. 오스트리아 3. 프랑스 4. 러시아 5. 미국 6. 스페인 7. 독일

W4 Familie

1 1. 어머니 2. 남동생 3. 장인 4. 아내 5. 고모 6. 며느리 7. 아들 8. 이혼 9. 손녀 10. 시어머니

2 1. 오빠 / 형, 남동생 2. 외할아버지 3. 사촌 4. 장모 5. 삼촌 6. 여동생 7. 아이

3 1. 유부남 2. 홀아비 3. 이혼녀 4. 유부녀 5. 독신남

W5 Freizeit / Hobbys

1 1. 노래하다 2. 여행하다 3. 수영을 하다 4. 등산하다 5. 축구를 하다 6. 책을 읽다 7. 춤을 추다 8. 그림을 그리다 9. 테니스를 치다 10. 농구를 하다

2 1C • 2L • 3B • 4H

3 1C • 2B • 3C

W6 Zeitangaben

1 봄: 삼월, 사월, 오월 • 여름: 유월, 칠월, 팔월 • 가을: 구월, 시월, 십일월 • 겨울: 십이월, 일월, 이월

2 1C • 2D • 3E • 4B • 5A

3 1. 정각 두 시 2. 이십 시 삼십 분 / 오후 여덟 시 반 3. 열두 시 오십 분 4. 열한 시 십오 분 5. 여덟 시 이십 분 6. 다섯 시 사십오 분 / 여섯 시 십오 분 전

W7 In der Stadt

1 1C • 2D • 3B • 4A • 5B • 6B

2 1. 식료품점 2. 신발가게 3. 제과점 4. 장난감가게 5. 서점 6. 옷가게 7. 스포츠용품점

3 1. 박물관 2. 운동장 3. 시장 4. 공원 5. 대학교

W8 Restaurant / Speisen und Getränke

1 1. 메뉴판 2. 전채요리 3. 웨이터 4. 반찬 5. 디저트 6. 음식 7. 음료수 8. 커피 9. 막걸리 10. 식당

2 디저트: 아이스크림, 케이크 • 술: 맥주, 포도주, 소주 • 식탁 위에: 젓가락, 냅킨, 잔

3 1. 과일 2. 케이크 3. 생선요리 4. 샴페인 5. 우유

W9 Lebensmittel / Mengenangaben

1 1. 설탕 2. 쌀 3. 양파 4. 우유 5. 배추 6. 치즈 7. 밀가루

2 배추, 무, 소금, 액젓, 새우젓, 고춧가루, 마늘, 생강

3 1. 요구르트 2. 우유 3. 소금 4. 국수 5. 쌀

W10 Kleidung / Farben

1 1. 양말 2. 스커트 3. 바지 4. 넥타이 5. 모자 6. 코트

2 색: 파란색, 빨간색, 녹색, 갈색 • 스타일: 우아하다, 멋있다, 스포티하다, 현대적이다 • 치수: 크다, 작다, 좁다, 길다

3 1E • 2G • 3F • 4C • 5A • 6B • 7D

4 1. 안 맞다 2. 넓다 3. 매다 4. 작다 5. 벗다 6. 짧다 7. 벗다

W11 Wohnen

2 1. 침실 2. 부엌 3. 차고 4. 욕실 5. 아이 방 6. 작업실

3 1. 주택, 방 2. 침실 3. 침대, 옷장 4. 작업실, 책상 5. 거실, 발코니

4 1. 창문 2. 화장실 3. 침대 4. 이불 5. 온돌

W12 Verkehr

1 1. 표, 벌금 2. 정류장 3. 타다 4. 운전사 5. 멈추다, 내리다

2 1B • 2C • 3C • 4B

3 1. 비행기 2. 기차 3. 차 4. 버스 5. 자전거

4 1D • 2B • 3A • 4C

W13 Körper / Hygiene / Gesundheit

1 1. 머리 2. 이 3. 목 4. 가슴 5. 배 6. 귀

2 얼굴: 눈, 코, 입, 이 • 몸: 발, 어깨, 손가락, 다리, 팔

3 1. 머리카락 2. 눈 3. 목 4. 어깨 5. 가슴 6. 배 7. 다리 8. 발

4 1E • 2F • 3G • 4B • 5C • 6A • 7D

W14 Verbenmix

1 1. 모르다 2. 대답하다 3. 끝내다 4. 사랑하다 5. 눕다 6. 쉬다 7. 오다 8. 울다

2 1. 사랑하다 2. 도와주다 3. 찾다 4. 일하다 5. 보다 6. 가다 7. 이해하다 8. 하다

3

마	전	의	도	졸	입	갈	아	보	먹	밥	어	울	알	이	다
다	사	람	좋	독	보	벗	다	안	꽃	있	하	수	버	지	아
일	다	다	주	아	하	수	김	쉬	안	보	좋	다	앉	자	찾
뛰	달	아	스	사	물	문	화	의	먹	일	바	라	보	다	도
지	저	숙	달	랑	어	저	미	속	좋	아	하	다	이	지	은
앉	으	며	하	뛰	보	하	해	작	마	지	일	다	르	보	하
주	아	뛰	일	알	다	하	묵	침	다	이	말	미	의	이	지
앉	찾	있	고	쉬	다	쉬	소	시	오	헤	쉬	주	문	기	일
피	만	하	다	가	주	학	구	다	좋	이	찾	도	며	도	먹

Grammatik

G1 Partikel: Nominativ / Akkusativ

1 1Db • 2Ce • 3Bc • 4Ag • 5Cf • 6Dd • 7Ca

2 1. 갈비가 2. 친구가 3. 커피를 4. 음악을 5. 토마스가, 한국어를 6. 비가 7. 텔레비전을 8. 바나나가 9. 편지를 10. 날씨가

3 1. 가 2. 를 3. 가 4. 가, 를 5. 를 6. 이 7. 가, 를 8. 가 9. 이 10. 이, 를

G2 Partikel: Themapartikel / Partikel für „und"

1 1C • 2B • 3C • 4A • 5C

2 1. 는 2. 는 3. 와, 는 4. 은, 은 5. 와, 는 6. 은, 는 7. 는, 는 8. 과, 는 9. 과, 은 10. 는

G3 Partikel: Partikel „auch"/ Partikel „nur"

1 1. 도 2. 만 3. 도 4. 만 5. 도 6. 만 7. 도

2 도, 만 2. 도, 만 3. 도, 만 4. 도, 만 5. 도, 만

G4 Partikel: Genitiv / Dativ

1 1. 어머니의 가방 2. 아버지의 넥타이 3. 언니의 핸드폰 4. 남동생의 5. 할머니의 집 6. 선생님의 시계

2 1. 께 2. 에게/한테 3. 에게/한테 4. 에게/한테 5. 에게/한테 6. 께 7. 에게/한테 8. 에게/한테

3 1A • 2B • 3C

G5 Partikel: Ortsangabe / Zeitangabe

1 1. 에 2. 에서 3. 에, 에 4. 에서 5. 에서 6. 에 7. 에서 8. 에 9. 에서 10. 에

2 1. 에 2. 에서 3. 에 4. 에 5. 에서 6. 에 7. 에 8. 에서 9. 에 10. 에서 11. 에 12. 에서 13. 에 14. 에서

G6 nominaler Bereich: Komparativ / Superlativ

1 1. A: 알프스가 남산보다 높아요 B: 에베레스트가 제일 높아요 2. A: 독일이 한국보다 큽니다 B: 중국이 제일 큽니다 3. A: 5월이 9월보다 더워요 B: 7월이 제일 더워요 4. A: 서울이 베를린보다 비쌉니다 B: 런던이 제일 비쌉니다 5. A: 바나나가 수박보다 작아요 B: 딸기가 제일 작아요

2 1. 불고기를 제일 좋아해요 2. 재즈를 제일 좋아해요 3. 집을 가장 사고 싶어요 4. 옷이 제일 싸요 5. 어머니가 제일 예뻐요

G7 Verben: Infinitiv / Formelle Höflichkeit

1 1. 치 2. 만나 3. 쓰 4. 하 5. 기다리 6. 적 7. 많 8. 받 9. 입 10. 찾

2 Vkons: 먹, 적, 많, 받, 입, 찾 • Vvok: 가, 치, 만나, 쓰, 하, 기다리

3 Vkons: 먹습니다, 적습니다, 많습니다, 받습니다, 입습니다, 찾습니다
Vvok: 갑니다, 칩니다, 만납니다, 씁니다, 합니다, 기다립니다

4 1. 만납니다 2. 좋아합니다 3. 봅니다 4. 옵니다 5. 마십니다

G8 Verben: Infinitiv / Formelle Höflichkeit

1 1. 자, 잡니까 2. 보, 봅니까 3. 싸, 쌉니까 4. 좋아하, 좋아합니까 5. 치, 칩니까 6. 듣, 듣습니까 7. 읽, 읽습니까 8. 찾, 찾습니까 9. 많, 많습니까 10. 받, 받습니까

2 1. 갑니까 2. 네, 쌉니다 3. 많습니까 4. 아픕니까 5. 네, 공부합니다 6. 만납니까 7. 네, 좋아합니다 8. 읽습니까 9. 네, 칩니다 10. 예쁩니까

G9 Verben: Futur der formellen Höflichkeit

1 1. 사, 사겠습니다 2. 만나, 만나겠습니다 3. 보, 보겠습니다 4. 하, 하겠습니다 5. 치, 치겠습니다 6. 기다리, 기다리겠습니다 7. 읽, 읽겠습니다 8. 받, 받겠습니다 9. 먹, 먹겠습니다 10. 많, 많겠습니다

2 1C • 2C • 3B • 4B

G10 Verben: Verneinung

1 1. 안 갑니다, 가지 않습니다 2. 안 먹습니다, 먹지 않습니다 3. 안 마십니다, 마시지 않습니다 4. 안 잡니다, 자지 않습니다 5. 안 일어납니다, 일어나지 않습니다 6. 안 많습니다, 많지 않습니다 7. 안 작습니다, 작지 않습니다 8. 안 아픕니다, 아프지 않습니다 9. 안 춥습니다, 춥지 않습니다 10. 안 탑니다, 타지 않습니다

2 1. 안 만납니다 2. 지 않습니다 3. 안 봅니까 4. 하지 않습니다

3 1B (안 마십니다) • 2C (쓰지 않겠습니다) • 3B (안 기다리겠습니까)

G11 Verben: Konverbalform / Informelle Höflichkeit (ifH)

1 1. 봐, 봐요 2. 사, 사요 3. 먹어, 먹어요 4. 만나, 만나요 5. 기다려, 기다려요 6. 작아, 작아요 7. 있어, 있어요 8. 좋아, 좋아요 9. 타, 타요

2 Infinitiv: 좋아하다, 웃다, 기다리다, 받다, 읽다 • Konverbalform: 와, 자, 만나, 많아, 먹어 Informelle Höflichkeitsform: 사요, 좋아요, 봐요, 써요, 예뻐요

3 1B • 2C • 3A

G12 Verben: Konverbalform (2) / Informelle Höflichkeit

1 1. 더워, 더워요 2. 쉬워, 쉬워요 3. 좋아해, 좋아해요 4. 피곤해, 피곤해요 5. 들어, 들어요 6. 바빠, 바빠요 7. 슬퍼, 슬퍼요 8. 매워, 매워요 9. 기뻐, 기뻐요 10. 이에 (예), 이에요 (예요)

2 Infinitiv: 듣다, 바쁘다, 이다, 쓰다, 하다 • Konverbalform: 좋아해, 어려워, 들어, 기뻐 • Informelle Höflichkeitsform: 아파요, 해요, 예뻐요, 이에요, 추워요

3 1C • 2B • 3A

G13 Verben: Informelle Höflichkeit 2. Person mit (으)세요

1 1. 보, 보세요 2. 주, 주세요 3. 만나, 만나세요 4. 듣, 들으세요 5. 읽, 읽으세요 6. 기다리, 기다리세요 7. 하, 하세요 8. 살, 사세요 9. 어렵, 어려우세요 10. 쉽, 쉬우세요

2 1A • 2C • 3C • 4B

3 1. 사세요 2. 보세요 3. 좋아하세요

G14 Verben: Imperativ

1 1. 사세요, 사지 마세요 2. 주세요, 주지 마세요 3. 보세요, 보지 마세요 4. 만나세요, 만나지 마세요 5. 하세요, 하지 마세요 6. 읽으세요, 읽지 마세요 7. 받으세요, 받지 마세요 8. 쓰세요, 쓰지 마세요 9. 기다리세요, 기다리지 마세요 10. 일어나세요, 일어나지 마세요

2 1. 운동하세요 2. 드세요 3. 일하세요 4. 주무세요

3 1. 담배를 피우지 마세요 2. 술을 마시지 마세요 3. 말하지 마세요 4. TV를 보지 마세요 5. 음악을 듣지 마세요

G15 Verben: Vergangenheit

1 1. 사, 샀어요 2. 먹어, 먹었어요 3. 와, 왔어요 4. 마셔, 마셨어요 5. 읽어, 읽었어요 6. 살아, 살았어요 7. 들어, 들었어요 8. 써, 썼어요 9. 더워, 더웠어요 10. 어려워, 어려웠어요

2 1. 먹었어요 2. 보셨어요 3. 일어났어요 4. 전화했어요 5. 좋았어요 6. 오셨어요

G16 Verben: Die Hilfsverben 주다 und 보다

1 1. 봐, 봐 주세요 2. 사, 사 주세요 3. 들어, 들어 주세요 4. 전화해, 전화해 주세요 5. 기다려, 기다려 주세요

2 1. 해, 해 보세요 2. 만나, 만나 보세요 3. 읽어, 읽어 보세요 4. 들어, 들어 보세요 5. 찾아, 찾아 보세요

3 1. 백화점 가 주세요 2. 한국어 가르쳐 주세요 3. 꽃 사 주세요 4. 연필 빌려 주세요

4 Bitte: 읽어 주세요, 전화해 주세요, 만나 주세요
Vorschlag: 마셔 보세요, 먹어 보세요. 자 보세요

G17 Verben: können / nicht können

1 1. 볼 수 있어요, 볼 수 없어요 2. 읽을 수 있어요, 읽을 수 없어요 3. 칠 수 있어요, 칠 수 없어요 4. 쓸 수 있어요, 쓸 수 없어요 5. 줄 수 있어요, 줄 수 없어요 6. 할 수 있어요, 할 수 없어요 7. 찾을 수 있어요, 찾을 수 없어요 8. 마실 수 있어요, 마실 수 없어요 9. 만날 수 있어요, 만날 수 없어요 10. 일어날 수 있어요, 일어날 수 없어요

2 1A • 2B • 3C • 4C • 5A

3 1. 네, 할 수 있어요 2. 아니요, 할 수 없어요 3. 네 , 칠 수 있어요

G18 Verben: wollen

1 1. 보고 싶어요, 보고 싶어해요 2. 자고 싶어요, 자고 싶어해요 3. 주고 싶어요, 주고 싶어해요 4. 하고 싶어요, 하고 싶어해요 5. 받고 싶어요, 받고 싶어해요 6. 만나고 싶어요, 만나고 싶어해요 7. 읽고 싶어요, 읽고 싶어해요 8. 듣고 싶어요, 듣고 싶어해요

2 1. 어머니 독일에 여행하고 싶어해요 2. 아들 컴퓨터 사고 싶어해요 3. 딸 초콜릿 먹고 싶어해요 4. 사장님 노래하고 싶어해요 5. 친구 콘서트 가고 싶어해요

3 1. 갈비를 먹고 싶어요 2. Berlin에 가고 싶어요 3. 톰 크루즈를 만나고 싶어요

G19 Verben: müssen / dürfen

1 1. 줘야 해요, 줘도 돼요 2. 자야 해요, 자도 돼요 3. 써야 해요, 써도 돼요 4. 사야 해요, 사도 돼요 5. 해야 해요, 해도 돼요 6. 봐야 해요, 봐도 돼요 7. 읽어야 해요, 읽어도 돼요 8. 쳐야 해요, 쳐도 돼요 9. 먹어야 해요, 먹어도 돼요 10. 마셔야 해요, 마셔도 돼요

2 1. 밥 먹어야 해요 2. 물 마셔야 해요 3. 운동 해야 해요 4. 빵 사야 해요 5. 한국말 배워야 해요

3 1. 텔레비전을 봐도 돼요 2. 담배를 피워도 돼요 3. 초콜릿을 먹어도 돼요 4. 전화해도 돼요

G20 Verben: Sollen wir … ?/ Lasst uns …

1 1. 올까요, 옵시다 2. 볼까요, 봅시다 3. 탈까요, 탑시다 4. 읽을까요, 읽읍시다 5. 줄까요, 줍시다 6. 할까요, 합시다 7. 쓸까요, 씁시다 8. 배울까요, 배웁시다 9. 마실까요, 마십시다 10. 기다릴까요, 기다립시다

2 1. 갈비를 먹읍시다 2. 맥주를 마십시다 3. 일요일에 만납시다 4. 백화점에서 만납시다 5. 테니스를 칩시다 6. 한국영화를 봅시다 7. 시작합시다

G21 Verben: Partizip Präsens

1 1. 타는 2. 읽는 3. 재미있는 4. 기다리는 5. 늦은 6. 아픈

2 1. 불고기를 먹는 2. 버스를 기다리는 3. 한국사람이 좋아하는 4. 시청에 가는

3 1. 재미없는 2. 빠른 3. 작은 4. 많은 5. 비싼

G22 Die Satzverknüpfung 1: „und" / „aber"

1 1. 먹고, 먹지만 2. 자고, 자지만 3. 맵고, 맵지만 4. 비싸고, 비싸지만 5. 예쁘고, 예쁘지만

2 1. 한국어를 배우고, 일본어도 배워요 2. 아침을 먹고, 회사에 가요 3. 독일사람은 치즈를 좋아하고, 한국사람은 김치를 좋아해요 4. 지하철은 싸고, 빨라요 5. 7월은 덥고, 비가 많이 와요

3 1. 바나나는 맛있지만 사과는 맛없어요 2. 불고기는 먹지만 김치는 안 먹어요 3. 저는 서울에 살지만 가족은 부산에 살아요 4. 토마스는 맥주를 마시지만 저는 안 마셔요

G23 Die Satzverknüpfung 2: weil … , da … / wenn …

1 1. 가서, 가면 2. 많아서, 많으면 3. 아파서, 아프면 4. 비싸서, 비싸면 5. 있어서, 있으면

2 1. 비가 많이 와서 등산 갈 수 없어요 2. 너무 더워서 아이스크림 먹고 싶어요 3. 어제 술을 많이 마셔서 피곤해요 4. 전화 못 해서 미안해요

3 1. 친구가 안 가면 저도 안 가겠어요 2. 비가 오면 집에서 텔레비전을 보겠어요 3. 한국에 가면 김치하고 불고기를 먹어 보겠어요 4. 시간이 있으면 부산에 가고 싶어요

G24 Zahlen: Sinokoreanische Zahlen / Zahlwörter 1

1 1. 십팔 2. 이십일 3. 십일 4. 십일 5. 백사십 6. 삼 7. 오십 8. 이십일

2 1. 육백원입니다 2. 칠천오백원입니다 3. 구만 팔천칠백원입니다 4. 오백사십구만 천원입니다

3 1B • 2A • 3A • 4B

4 1. 천구백 칠십삼년 오월 이십오일입니다 2. 십이월 이십오일입니다 3. 십칠 층에 살아요 4. 공 일 (다시) 이 사 오 (다시) 육 칠 팔 구입니다

G25 Zahlen: Koreanische Zahlen / Zahlwörter 2

1 1. 여덟, 열, 열둘, 열넷, 열여섯, 열여덟, 스물, 스물둘, 스물넷 …
2. 일곱, 아홉, 열하나, 열셋, 열다섯, 열일곱, 열아홉, 스물하나, 스물셋 …
3. 열둘, 열다섯, 열여덟, 스물하나, 스물넷, 스물일곱, 서른, 서른셋, 서른여섯 … 4. 마흔, 쉰, 예순, 일흔, 여든, 아흔 5. 스물둘, 열하나
6. 예순여섯, 쉰다섯, 마흔넷, 서른셋 …

2 1B • 2C • 3B • 4C • 5A

3 1. 가방 세 개 사요 2. 맥주 네 병 마셔요 3. 한 마리 있어요 4. 사과 네 개하고 바나나 다섯 개 있어요 5. 자동차 두 대 있어요 6. 커피 여섯 잔 마셔요

Kommunikation

K1 Sich begrüßen / Nach dem Befinden fragen / Sich verabschieden

1 Begrüßung: 안녕하세요, 안녕 • Befinden: 잘 지내요, 어떻게 지내세요
Abschied: 안녕히 가세요, 안녕히 계세요, 또 뵙겠습니다, 행운을 빌어요

2 1. 안녕 3. 잘 지내 4: 너는 5: 안녕하세요 6. 안녕하세요 7. 잘 지내세요 8. 박지영씨는요

3 1. 안녕하십니까 2. 안녕하세요 3. 안녕 4. 안녕하십니까 5. 안녕하세요

4 1. 아주 잘 지내요 2. 잘 지내요 3. 그저 그래요

K2 Sich / jemanden vorstellen

1 1. 안녕하세요 2. 제 소개를 하겠습니다. 3. 저는 박지영입니다 4. 성함이 어떻게 되세요 5. 제 이름은 이민수입니다 6. 만나서 반갑습니다.

2 1. 안녕하세요 2. 처음 뵙겠습니다 3. 저는 … 입니다 4. 저도 만나서 반갑습니다

3 1. 안녕하세요 2. 저는, 성함이, 되세요 3. 만나서 반갑습니다

4 1. 사장님을 소개하겠습니다 2. 친구를 소개하겠습니다 3. 제 소개를 하겠습니다

K3 Alter / Beruf / Adresse angeben

1 1D • 2A • 3E • 4B • 5C

2 1B • 2A • 3C

3 1. 나이가 어떻게 되세요 2. 몇 살이야 3. 주소가 어떻게 되세요
4. 직업이 뭐예요 / 무슨 일을 하세요 5. 어디에서 일하세요

K4 Nationalität / Herkunft / Wohnort angeben

1 1E • 2A • 3C • 4B • 5D

2 1. 독일사람이에요. Berlin에 살아요 2. 미국사람이에요. L.A에 살아요
3. 일본사람이에요. Osaka에 살아요

3 1. 서울에서 살아요 2. 호텔에서 지내요 3. 한국에서 왔어요
4. 친구 집에서 살아요 5. 부모님 댁에서 살아요

K5 Über die Familie sprechen

1 1B • 2A • 3C

2 1. 아이가 있어요 2. 형제가 있어요 3. 결혼했어요 4. 딸이 있어요 5. 가족이 몇 명이세요

3 1. 이민수씨는 아들 하나, 딸 하나 있어요 2. 이민수씨는 결혼했어요
3. 이민수씨는 형 하나하고 누나 하나가 있어요 4. 이민수씨는 남동생이 하나 있어요 5. 이민수씨는 여동생이 둘 있어요

K6 Sich entschuldigen / Um etwas bitten / Sich bedanken

1 Entschuldigungen: 미안합니다, 실례합니다, 괜찮아요, 죄송합니다
Bedanken: 고맙습니다, 천만에요, 별 말씀을요, 감사합니다

2 1. 괜찮아요 2. 별 말씀을요, 천만에요 3. 괜찮아요 4. 천만에요. 별 말씀을요

3 A: 주세요 B: 줄 수 있어요 C: 몇 시예요 D: 말 해 줄 수 있어요 E: 보여 주세요
F: 보여 줄 수 있어요 G: 설명해 주세요 H: 설명해 줄 수 있어요

K7 Sprachkenntnisse angeben / Missverständnisse klären

1 1. 전혀 2. 조금 3. 잘 4. 조금 5. 아주 잘 6. 전혀 7. 잘

2 1. 아주 잘 2. 잘 3. 조금 4. 못 5. 전혀 못

3 1G • 2F • 3D • 4A • 5E • 6C • 7B

K8 Über Gewohnheiten / Vorlieben / Abneigungen sprechen

1 1. 제일/가장 2. 조금 3. 제일/가장 4. 아주 5. 전혀 6. 제일/가장

2 1. 축구를 아주 싫어해요 2. 한국사람들은 등산을 제일 싫어해요
3. 저는 스포츠를 안 좋아해요 4. 한국사람들은 영화를 가장 싫어해요

3 1. 토마스는 야구를 제일 좋아해요 2. 토마스는 조깅을 아주 좋아해요
3. 토마스는 여행을 조금 좋아해요 4. 토마스는 테니스를 싫어해요
5. 토마스는 등산을 전혀 안 좋아해요 6. 토마스는 쇼핑을 제일 싫어해요

4 1. 언제나 2. 자주 3. 가끔 4. 보통 5. 자주

K9 Am Telefon

1 1D • 2F • 3B • 4G • 5A • 6E • 7C

2 여보세요 / 김진아씨 계세요 / 네, 계세요. 실례지만, 누구세요 / 저는 이민수입니다

3 1. 이민수씨 계세요 2. 저는 토마스입니다 3. 저에게 전화해 달라고 전해 줄 수 있어요 4. 안 계세요 5. 잠깐만 기다리세요 6. 전화 잘 못 걸었어요 7. 안녕히 계세요

K10 Sich verabreden / Vorschläge machen, annehmen, ablehnen

1 1C • 2F • 3E • 4A • 5B • 6D

2 1. 좋은 생각이에요 2. 안돼요, 토요일은 어때요 3. 어디에서 4. 언제 5. 조금 늦어요

3 z. B. 1. 영화 보러 갈까요? 2. 오페라는 어때요 3. 좋아요 4. 언제 보러 갈까요 5. 8시에 만날까요 …

K11 Nach dem Weg fragen / den Weg beschreiben

1 1C • 2B • 3C

2 1H • 2G • 3F • 4D • 5B • 6A • 7C • 8E

3 1. 어떻게 2. 건너세요, 왼쪽으로 3. 똑바로 4. 신호등, 오른쪽으로 5. 길 오른쪽에 6. 내리세요

K12 Im Restaurant

1 1. 주문할 수 있어요 2. 네, 뭘 드시겠어요 3. 갈비로 하겠어요 4. 음료수는 뭘로 하시겠어요 5. 콜라 한 병 주세요 6. 맛있게 드셨어요 7. 네, 아주 맛있어요 8. 그런데 조금 매워요

2 1 E • 2F • 3G • 4A • 5C • 6D • 7B

3 1. 맛있게 드세요 2. 건배 3. 맥주, 주세요 4. 맛있어요 5. 메뉴판 주세요 6. 선불 7. 음료수 8. 계산서 주세요

K13 Einkaufen / Dinge vergleichen

1 1. Diese Hose gefällt mir gut. 2. Wie viel kostet dieser rote Rock? 3. Hätten Sie etwas Günstigeres? 4. Dieser Pullover ist am teuersten. 5. Gefällt Ihnen diese Krawatte? 6. Haben Sie diese Schuhe eine Nummer kleiner? 7. Ich schau mich nur um. 8. Kann ich anprobieren?

2 1D/E • 2D/E • 3A • 4B • 5C

3 1. 너무 비싸요 2. 너무 작아요 3. 마음에 안 들어요 4. 더 예뻐요 5. 아주 마음에 들어요 6. 조금 커요

K14 Im Hotel

1 1, 4, 5

2 1G • 2H • 3B • 4D • 5C • 6F • 7E • 8A

3 1. 원 베드룸을 예약하고 싶어요 2. 아침식사 포함된 방을 주세요 3. 저녁식사 포함된 방 하나 예약하고 싶어요 4. 방에 뭐가 있어요 5. 원 베드룸 일주일 예약하고 싶어요 6. 냉장고 있어요

K15 Reisen

1 1. 부산 행 기차표 한 장 주세요 2. 왕복으로 주세요 3. 기차가 늦어요 4. 기차가 대구로 가요 5. 매표소가 어디에 있어요

2 1. 언제 기차가 출발해요 2. 이 기차는 어디로 가요 3. 어디에서 출발해요 4. 비행기는 언제 이륙해요 5. 언제 기차가 도착해요 6. 이 버스가 시내로 가요

3 즐거운 여행 되세요

Wortliste Koreanisch - Deutsch

Die Wortliste ist nach der in Korea üblichen lexikalischen Ordnung sortiert.
Die Silben werden innerhalb der Konsonantenfolge ㄱ ㄲ ㄴ ㄷ ㄸ ㄹ ㅁ ㅂ ㅃ ㅅ ㅆ ㅇ ㅈ ㅉ ㅊ ㅋ ㅌ ㅍ ㅎ nach den Vokalen in der Reihenfolge ㅏ ㅐ ㅑ ㅒ ㅓ ㅔ ㅕ ㅖ ㅗ ㅘ ㅙ ㅚ ㅛ ㅜ ㅝ ㅞ ㅟ ㅠ ㅡ ㅢ ㅣ geordnet.

ㄱ

가게 Geschäft
가구 Möbel
가끔 manchmal
가다 gehen
가로수 Allee
가르치다 unterrichten
가방 Tasche
가수 Sänger
가슴 Brust
가을 Herbst
가정용품점 Haushaltswarenladen
가족 Familie
가족구성원 Familienmitglieder
가족상황 Familienstand
가족잔치 Familienfest
가짜 Verfälschung
간장 Sojasauce
간식 Kleinigkeit essen
갈비 Galbi *(Gericht)*
갈색 Braun
갈아타다 umsteigen
감각 Sinne
감다 (Haare) waschen
감사하다 sich bedanken
감자 Kartoffel
감정 Gefühl
강 Fluss
강남 Gangnam *(Bezirk in Seoul)*
개 Hund, Stück *(Zahlwort)*
개미 Ameise
갤러리 Galerie
거기 dort
거리 Straße
거실 Wohnzimmer
거울 Spiegel
건강 Gesundheit
건강하다 gesund sein
건너다 überqueren
건너편 gegenüber
건물 Gebäude
건방진 arrogant
건배 Prost
건축 Architektur
걸다 (전화를) anrufen
검정색 schwarz
것 Ding, Sache
겨울 Winter
격자/체크무늬의 kariert
결혼 Heirat
결혼하다 heiraten
경주 Gyeongju *(Stadt)*
경찰관 Polizist
경찰서 Polizei
경청하다 zuhören
경험하다 erfahren
계단 Treppe
계란 Ei
계산대 Kasse
계산서 Rechnung
계산하다 bezahlen, rechnen
고기 Fleisch
고구마 Süßkartoffeln
고리 Ring (kein Schmuck für Finger)
고맙다 danken
고모 Tante väterlicherseits
고속도로 Autobahn
고양이 Katze
고춧가루 Chilipulver
고통 Schmerzen
고프다(배가) hungrig sein
곧 bald
골목 Gasse
골프 Golf

공 Null *(sinokorean.)*, Ball
공원 Park
공장 Fabrik
공항 Flughafen
과부 verwitwet *(f.)*
과일 Obst
과자 Kekse
광장 Platz
괜찮다 okay sein, in Ordnung sein
교통 Verkehr
교통경찰 Verkehrspolizist
교통사고 Verkehrsunfall
교통수단 Verkehrsmittel
교통체증 Stau
교통표지판 Verkehrsschild
교회 Kirche
구 neun *(sinokorean.)*
구경하다 umschauen, besichtigen
구내식당 Kantine
구두 Lederschuhe
구석 Ecke
구시가지 Altstadt
구월 September
구토하다 sich übergeben, erbrechen
국 Suppe
국가 Land
국수 Nudeln
국적 Nationalität
국제기업 internationales Unternehmen
국회 Parlament
군것질 하다 naschen
궤도 Schiene
귀 Ohr
그냥 nur so
그램 Gramm
그렇다 so sein
그릇 Schüssel, Geschirr (Oberbegriff)
그렇지만 aber
그리다 malen
그리스 Griechenland
그리스어 Griechisch
그림 Bild
극장 Theater, Kino
금요일 Freitag
기관 Institution
기다리다 warten
기름 Öl
기쁘다 sich freuen
기업 Unternehmen
기차 Zug
길 Weg
길다 lang sein
김밥 Gimbap *(Gericht)*
김치 Gimchi *(Gericht)*
김치찌개 Gimchijjigae *(Gericht)*
까치 Elster
꼬리 Schwanz
꽃 Blume
꽃집 Blumenladen
꿈 Traum
끊다 (전화, 담배, 술) aufhören
끝내다 beenden

ㄴ

나 ich
나가다 ausgehen
나라 Land
나무 Baum
나비 Schmetterling
나이 Alter
나중에 später
낚시 Angeln
낚시하다 angeln
날씬한 schlank
날짜 Datum
남기다 hinterlassen
남동생 jüngerer Bruder
남산 Namsan *(Berg in Seoul)*
남자 Mann
남편 Ehemann
낫 Sichel
낮 Mittag
낮다 niedrig sein
낯 Gesicht
내 mein (나 + 의)
내려오다 herunterkommen
내리다 aussteigen
냄새 맡다 riechen

냅킨 Serviette
냉장고 Kühlschrank
너 du
너무 zu
넓다 breit sein
네덜란드 Niederlande
네덜란드어 Niederländisch
넥타이 Krawatte
넷(네, 넉) vier *(korean.)*
노란색 gelb
노래 Lied
노래방 korean. Karaoke
노르웨이 Norwegen
노르웨이어 Norwegisch
녹색 grün
녹차 Grüntee
농구 Basketball
누가 wer (누구 + 가)
누구 wer
누나 ältere Schwester eines Mannes
눈 Schnee, Augen
눈썹 Augenbrauen
뉴질랜드 Neuseeland
눕다 sich hinlegen
느끼다 sich fühlen
늦다 spät sein
늪 Sumpf

ㄷ

다니다 pendeln
다른 andere
다리미 Bügeleisen
다섯 fünf *(korean.)*
다시 wieder
다양한 verschieden
다음 nächste
닦다 wischen, putzen
단색의 einfarbig
달 Monat, Mond
달다 süß sein
닭고기 Hähnchen
닮다 ähneln
담배 Zigarette
답 Antwort
당근 Karotte
대구 Daegu *(Stadt)*
대답하다 antworten
대리인 Stellvertreter
대머리인 kahl
대학교 Universität
댁 Haus *(Hon. von 집)*
더 mehr
덥다 heiß sein
도 auch
도시 Stadt
도착하다 ankommen
독 Gift
독신남 ledig, Single *(m.)*
독신녀 ledig, Single *(f.)*
독일 Deutschland
독일사람 Deutsche(r)
독일어 Deutsch
돈 Geld
돌 1. Geburtstag, Stein
돕다 helfen
동료 Kollege
동생 jüngere(r) Bruder / Schwester
돼지 Schwein
돼지고기 Schweinefleisch
되다 werden
되돌아 zurück
둘(두) zwei *(korean.)*
드시다 essen *(Hon.)*
듣다 hören
들어가다 hereingehen
등 Rücken, Lampe
등산 Bergsteigen
디저트 Nachtisch
따다 pflücken
딸 Tochter
땀 Schwitzen, Schweiß
떠나다 wegfahren, verlassen
똑바로 geradeaus
뚱뚱한 dick
뛰다 laufen
뜻 Bedeutung

ㄹ

라디오 Radio
러시아 Russland
러시아어 Russisch
리터 Liter
린스 Haarspülung

ㅁ

마가린 Margarine
마늘 Knoblauch
마리 Tiere *(Zahlwort für Tiere)*
마시다 trinken
마을 Dorf
마음에 들다 gefallen
마흔 vierzig *(korean.)*
막걸리 trüber koreanischer Reiswein
만 zehntausend *(sinokorean.)*, nur
만나다 treffen
만들다 herstellen
만지다 anfassen
많다 viele sein
많이 viel
말 Sprache
말하다 sprechen
맛없다 nicht (gut) schmecken
맛있게 lecker
맛있다 gut schmecken
맞다 passen
매다 binden
매력적인 attraktiv
맥주 Bier
맵다 scharf sein
머리 Kopf
머리카락 Haare
먹다 essen
멈추다 anhalten
멋있다 schick sein
메뉴 Speisekarte
메뉴판 Speisekarte
메시지 Nachricht
며느리 Schwiegertochter
면도기 Rasierapparat
면도하다 sich rasieren
명 Menschen *(Zahlwort)*
명동 Myeongdong *(Bezirk in Seoul)*
몇 wie viel
모든 alle
모르다 nicht wissen
모자 Hut
목 Hals
목요일 Donnerstag
목욕 Bad
목욕하다 baden
몫 Anteil
몸 Körper
몸무게 Gewicht
몽골 Mongolei
몽골어 Mongolisch
못 생긴 hässlich
무 Rettich
무늬 Muster
무대 Bühne
무릎 Knie
무슨 was für ein
무엇 was
문 Tür
문방구 Schreibwarenladen
문화 Kultur
묻다 fragen
물 Wasser
물방울 무늬의 gepunktet
물어보다 fragen
뮤지컬 Musical
미국 Amerika
미안하다 sich entschuldigen
미용사 Friseurin
미용실 Friseursalon
미워하다 hassen
밀가루 Mehl
밑 unten

ㅂ

바 Bar
바구니 Korb
바꾸다 wechseln
바나나 Banane
바다 Meer
바닥 Boden

바라보다 schauen
바르다 eincremen
바쁘다 beschäftigt sein
바지 Hose
박물관 Museum
밖 draußen
반 halb
반갑다 erfreut sein
반찬 Beilagen
받다 bekommen
발가락 Zeh
밝다 hell sein
밝은 hell
밤 Nacht
밥 Reis *(gekocht)*
방 Zimmer
방석 Kissen
방해하다 stören
배 Bauch, Birne, Schiff
배구 Volleyball
배우다 lernen
배추 Chinakohl
백 hundert *(sinokorean.)*
백화점 Kaufhaus
버스 Bus
버터 Butter
번 mal
벌금 Geldstrafe
벌다 verdienen
벌써 schon
벗다 sich ausziehen
베를린 Berlin
베이컨 Speck
베트남 Vietnam
베트남어 Vietnamesisch
벽 Wand
변비 Verstopfung
병 Flasche, Krankheit
병원 Krankenhaus
보다 sehen
보라색 Violett
보이다 sichtbar machen, zeigen
보통 normalerweise, in der Regel
보행자 Fußgänger/-in
복용하다 einnehmen
복잡하다 chaotisch / kompliziert sein
봄 Frühling
봉지 Päckchen
뵙다 treffen *(bescheidene Form)*
부르다 rufen, singen
부모 Eltern
부부 Ehepaar
부산 Busan *(Stadt)*
부엌 Küche
부족하다 fehlen
북한산 Bukhan *(Berg)*
분 Minute, Mensch *(Hon.)*
분홍색 rosa
불고기 Bulgogi *(Gericht)*
블라우스 Bluse
비 Regen
비누 Seife
비디오방 Videoraum
비만의 korpulent
비빔밥 Bibimbap *(Gericht)*
비서 Sekretär/-in
비싸다 teuer sein
비행기 Flugzeug
빈 Wien, leer
빌다 wünschen
빌리다 ausleihen
빗 Kamm
빗다 sich kämmen
빠르다 schnell sein
빨간색 rot
빨리 schnell
빵 Brot

ㅅ

사 vier *(sinokorean.)*
사거리 Kreuzung
사계절 vier Jahreszeiten
사고 Unfall
사과 Apfel, Entschuldigung
사교적인 gesellig
사다 kaufen
사람 Mensch
사랑 Liebe

사랑하다 lieben
사무실 Büro
사업가 Geschäftsmann/-frau
사월 April
사위 Schwiegersohn
사자 Löwe
사장 Chef
사진 Foto
사촌 Cousine, Cousin
산 Berg
산책 Spaziergang
살 Alter *(Zahlwort für Lebensjahre)*
살다 leben, wohnen
삼 drei *(sinokorean.)*
삼월 März
삼촌 Onkel väterlicherseits
상점 Geschäft, Laden
새우젓 eingelegte Shrimps
색 Farbe
샌드위치 Sandwich
생각 Gedanke
생각하다 denken
생강 Ingwer
생년월일 Geburtsdatum
생맥주 Fassbier
생선 Fisch
생일 Geburtstag
생크림 Sahne
샤워 Dusche
샤워크림 Duschgel
샤워하다 sich duschen
샴페인 Sekt
샴푸 Shampoo
서다 halten
서른 dreißig *(korean.)*
서울 Seoul
서점 Buchhandlung
선물 Geschenk
선물하다 schenken
선생님 Lehrer/-in
설명 Erklärung
설명하다 erklären
설사 Durchfall
설탕 Zucker
성 Familienname
성격 Charakter
성공 Erfolg
성함 Name *(Hon.)*
세계 Welt
세면대 Waschbecken
세수하다 Gesicht waschen
세탁기 Waschmaschine
셋(세, 석) drei *(korean.)*
소 Kuh
소개하다 vorstellen
소금 Salz
소리 Stimme
소방관 Feuerwehrmann/-frau
소방서 Feuerwehr
소시지 Wurst
소주 Schnaps
소켓 Steckdose
소파 Couch, Sofa
속옷 Unterwäsche
손 Hand
손가락 Finger
손녀 Enkelin
손바닥 Handfläche
손자 Enkel
손주 Enkelkinder
솥 Kochtopf
쇠고기 Rindfleisch
쇼핑 Shopping
쇼핑하다 Shopping machen
수건 Handtuch
수다스러운 gesprächig
수도 Hauptstadt
수영 Schwimmen
수영장 Schwimmbad
수영하다 schwimmen
수요일 Mittwoch
숙제 Hausaufgabe
숟가락 Löffel
술 Alkohol
숲 Wald
쉬다 sich ausruhen
쉰 fünfzig *(korean.)*
쉽다 einfach sein

스물 (스무) zwanzig *(korean.)*
스웨터 Pullover
스위스 Schweiz
스커트 Rock
스타일 Stil
스타킹 Strümpfe
스튜디오 Studio
스페인 Spanien
스페인어 Spanisch
스포츠 Sport
스포츠용품점 Sportgeschäft
스포티한 sportlich
스푼 Löffel
스프레이 Spray
슬프다 traurig sein
승강장 Gleis
승객 Passagier/-in
시 Uhr(zeit)
시간 Stunde, Zeit
시계 Uhr
시골 Provinz
시금치 Spinat
시내 Stadtzentrum
시다 sauer sein
시부모 Schwiegereltern
시설 Einrichtung
시아버지 Schwiegervater einer Frau
시어머니 Schwiegermutter einer Frau
시월 Oktober
시작하다 anfangen
시장 Markt
시청 Rathaus
식당 Restaurant
식료품점 Lebensmittelgeschäft
식사하다 essen
식초 Essig
식탁 Esstisch
신다 (Schuhe) anziehen
신문 Zeitung
신발 Schuhe
신발가게 Schuhgeschäft
신상정보 Angaben zur Person
신용카드 Kreditkarte
신호등 Ampel
실례하다 sich entschuldigen
싫어하다 hassen
십 zehn *(sinokorean.)*
십이월 Dezember
십일월 November
싸다 billig sein
쌀 Reis *(ungekocht)*
쓰다 schreiben, aufsetzen (Mütze)
씻다 waschen

ㅇ

아기 Baby
아니다 nicht sein
아내 Ehefrau
아들 Sohn
아름답다 wunderbar, schön sein
아버지 Vater
아이 Kind
아이스크림 Eiscreme
아주 sehr
아직 noch
아침 Morgen
아파트 Apartment
아프다 krank sein
아홉 neun *(korean.)*
아흔 neunzig *(korean.)*
안경 Brille
안녕히 wohlbefindlich
안동 Andong *(Stadt)*
안되다 es geht nicht
안락의자 Sessel
앉다 sich setzen
앉아있다 sitzen
알다 wissen
알약 Tablette
앞 vorne
액젓 Fischsauce
야구 Baseball
야채 Gemüse
약 Medizin
약국 Apotheke
약사 Apotheker/-in
약속 Verabredung
약속하다 sich verabreden, versprechen

약혼 Verlobung
양념 Gewürz
양말 Socken
양복 Anzug
양복점 Schneiderei
양파 Zwiebel
얘기 Unterhaltung
어깨 Schulter
어느 welcher
어두운 dunkel
어둡다 dunkel sein
어디 wo
어떻게 wie
어떻다 wie sein
어렵다 schwierig sein
어머니 Mutter
어서 rasch
어시장 Fischmarkt
언니 ältere Schwester einer Frau
언어 Sprache
언제 wann
언제나 immer
얼굴 Gesicht
얼마 wie viel
없다 nicht da sein, nicht haben, es gibt nicht
엉덩이 Hintern
에스컬레이터 Rolltreppe
엔지니어 Ingenieur/-in
엘리베이터 Aufzug
여권 Pass
여기 hier
여덟 acht *(korean.)*
여동생 jüngere Schwester
여든 achtzig *(korean.)*
여름 Sommer
여보세요 Hallo! *(am Telefon)*
여섯 sechs *(korean.)*
여자 Frau
여행 Reise
여행하다 reisen
역 Station, Bahnhof
연구소 Institut
연극 Theaterspiel
연필 Bleistift
열 zehn *(korean.)*, Fieber
영 Null *(sinokorean.)*
영국 England
영어 Englisch
영화 Film
영화관 Kino
예쁘다 hübsch sein
예순 sechzig *(korean.)*
예약하다 reservieren
예정 Vorhaben
오 fünf *(sinokorean.)*
오늘 heute
오다 kommen
오른쪽 rechts
오리고기 Entenfleisch
오빠 älterer Bruder einer Frau
오스트리아 Österreich
오월 Mai
오이 Gurke
오전 Vormittag
오토바이 Motorrad
오후 Nachmittag
온돌 Fußbodenheizung
옷 Kleidung
옷가게 Bekleidungsgeschäft
옷장 Kleiderschrank
와이셔츠 Hemd
왕복 hin und zurück
외곬 einziger Weg
외래어 Fremdwörter
외모 Aussehen
외우다 auswendig lernen
왼쪽 links
요구르트 Joghurt
요리 Gericht
요리사 Koch/Köchin
요리하다 kochen
요식업 Gastronomie
욕실 Bad
욕조 Badewanne
우비 Regenjacke
우아하다 elegant sein
우유 Milch
우체국 Postamt

우회로 Umleitung
운동 Sport
운동장 Sportplatz
운동화 Sportschuhe
운전면허증 Führerschein
운전사 Fahrer/-in
운전하다 Auto fahren
울다 weinen
웃다 lachen
원 Won (korean. Währung)
원룸 Einzimmerwohnung
월요일 Montag
웨이터 Kellner/-in
위 oben
위스키 Whisky
유로 Euro
유부남 verheiratet *(m.)*
유부녀 verheiratet *(f.)*
유월 Juni
유제품 Milchprodukt
유치원 Kindergarten
육 sechs *(sinokorean.)*
육상 Leichtathletik
은행 Bank
읊다 Gedichte rezitieren
음료수 Getränke
음식 Essen
음악 Musik
의류 Kleidungsstücke
의미하다 meinen
의사 Arzt/Ärztin
의자 Stuhl
이 zwei *(sinokorean.)*, Zahn
이 메일 E-Mail
이다 sein
이륙하다 abfliegen
이름 Name
이모 Tante mütterlicherseits
이불 Bettdecke
이사 Umzug
이사하다 umziehen
이월 Februar
이탈리아 Italien
이태리어 Italienisch
이해하다 verstehen
이혼 Scheidung
이혼남 geschieden *(m.)*
이혼녀 geschieden *(f.)*
인도 Indien
인사동 Insadong *(Bezirk in Seoul)*
인삼 Ginseng
일 eins *(sinokorean.)*, Arbeit, Tag
일곱 sieben *(korean.)*
일방통행로 Einbahnstraße
일본 Japan
일본어 Japanisch
일어나다 aufstehen
일요일 Sonntag
일월 Januar
일흔 siebzig *(korean.)*
읽다 lesen
잃다 verlieren
입 Mund
입고 있다 tragen
입구 Eingang
입술 Lippen
입어보다 anprobieren
있다 da sein, es gibt, haben
잊어버리다 vergessen

ㅈ

자다 schlafen
자동차 Auto
자리 Platz
자유 Freiheit
자전거 Fahrrad
자주 oft
작가 Schriftsteller/-in
작다 klein sein
작업실 Arbeitszimmer
잔 Tasse, Becher, Glas
잘 gut
잠깐 ein kleiner Moment
장 Scheibe, Blatt *(Zahlwort)*
장난감 Spielzeug
장례식 Beerdigung
장모 Schwiegermutter eines Mannes
장인 Schwiegervater eines Mannes

재단사 Schneider/-in
재미없다 uninteressant sein
재미없는 uninteressant
재미있다 interessant sein
재미있는 interessant
재킷 Jacke
저 ich
저기 dort, jener Ort
저녁 Abend
전 vor
전망 Ausblick
전시회 Ausstellung
전채요리 Vorspeise
전해주다 ausrichten
전혀 überhaupt (nicht)
전화 Telefon
전화번호 Telefonnummer
전화하다 anrufen
절 Tempel
젊다 jung sein
점심 Mittag
접시 Teller
젓가락 Stäbchen
젓갈 eingelegte Fische
정각 Punkt (Zeit)
정류장 Haltestelle
정육점 Metzgerei
정중한 höflich
정치인 Politiker/-in
제 mein (저 +의)
제과점 Bäckerei
제빵사 Bäcker/-in
제사 Ahnenverehrung
제주도 Jejudo *(Insel)*
조금 ein bisschen
조부모 Großeltern
조용한 ruhig
좁다 eng sein
종업원 Kellner/-in
좋다 gut sein
좋아하다 mögen
죄송하다 sich entschuldigen
주 Woche
주거지 Wohnort
주다 geben
주무시다 schlafen *(Hon.)*
주문하다 bestellen
주소 Adresse
주스 Saft
주일 Woche
주차장 Parkplatz
주택 Eigenheim, Wohnhaus
중국 China
중국어 Chinesisch
즐거운 fröhlich
즐겨 하다 gerne machen
증명서 Ausweis
증서 Dokument
지금 jetzt
지내다 verbringen
지도 Landkarte
지루한 langweilig
지름길 Schnellstraße (Abkürzung)
지하철 U-Bahn
직업 Beruf
직원 Mitarbeiter/-in
직장 Arbeitsort
직진 geradeaus
질문 Frage
집 Haus
짜다 salzig sein
짧다 kurz sein
찍다 (사진을) fotografieren
찜질방 Sauna (-raum)

ㅊ

차 Tee, Auto *(ugs.)*
차고 Garage
차다 stoßen *(mit dem Fuß)*
착륙하다 landen
찬장 Küchenschrank
참기름 Sesamöl
창문 Fenster
찾다 suchen, finden
책 Buch
책장 Bücherregal
처음 zum ersten Mal
천 tausend *(sinokorean.)*

천장 Decke
천천히 langsam
체조 Gymnastik
초 Sekunde, Kerze
초콜릿 Schokolade
추다 (춤을) tanzen
축구 Fußball
출구 Ausgang
출발하다 abfahren, starten
출생지 Geburtsort
출판사 Verlag
춤 Tanzen
춥다 kalt sein
취미 Hobby
층 Etage
치다 schlagen
치수 Größe
치약 Zahnpasta
치즈 Käse
친구 Freund
친절한 freundlich
친척 Verwandtschaft
칠 sieben *(sinokorean.)*
칠월 Juli
침대 Bett
침묵하다 schweigen
침실 Schlafzimmer
칫솔 Zahnbürste

ㅋ

카드 Karte
카메라 Kamera
카페 Café
칵테일 Cocktail
칼 Messer
칼로리 Kalorien
캐나다 Kanada
커튼 Vorhang
커피 Kaffee
컴퓨터 Computer
컵 Glas
케이크 Kuchen
코 Nase
코코아 Kakao
코트 Mantel
콘서트 Konzert
콜라 Cola
콧수염 Schnauzbart
콩 Bohnen
크다 groß sein
크림 Creme
키 Körpergröße
키위 Kiwi

ㅌ

타다 (Fahrzeug) nehmen, einsteigen
태권도 Taekwondo
택시 Taxi
터키 Türkei
터키어 Türkisch
턱수염 Bart
테니스 Tennis
텔레비전 Fernseher
토마토 Tomaten
통화하다 telefonieren
티셔츠 T-Shirt
티켓 Ticket

ㅍ

파 Lauchzwiebel
파란색 blau
파랗다 blau sein
파리 Paris, Fliege
파티 Party
판매원 Verkäufer/-in
팔 acht *(sinokorean.)*, Arm
팔월 August
편도 Einzelfahrt (einfach)
편지 Brief
포도 Trauben
포도주 Wein
포르투갈 Portugal
포르투갈어 Portugiesisch
포크 Gabel
포함된 inklusiv
폴란드 Polen
폴란드어 Polnisch
표 Karte

풀다 (Krawatte) abbinden
프랑스 Frankreich
프랑스어 Französisch
피곤하다 müde sein
피부 Haut
피아노 Klavier
피우다 (담배를) rauchen

ㅎ

하나 (한) eins *(korean.)*
하다 machen, tun
하루 ein Tag
하얀색 weiß
학교 Schule
학력 Bildungsstand
학생 Schüler/-in
학생식당 Mensa
학원 Akademie (privat)
학자 Wissenschaftler/-in
한국 Korea
한국사람 Koreaner/-in
한국어 Koreanisch
할머니 Großmutter
할아버지 Großvater
핥다 lecken
함께 zusammen
항구 Hafen
항상 immer
핸드폰 Handy
행운 Glück
허수아비 Vogelscheuche
헝가리 Ungarn
헝가리어 Ungarisch
현대적인 modern
형 älterer Bruder eines Mannes
호주 Australien
호프 Bierhaus
홀아비 verwitwet *(m.)*
홍차 Schwarztee
화가 Maler/-in
화상 Verbrennung
화요일 Dienstag
회사 Firma
회색 grau
횡단보도 Zebrastreifen
후 nach
후추 Pfeffer
휴가 Urlaub
희다 weiß sein
힌두어 Hindu